秋満吉彦

名著の予知能力

GS
幻冬舎新書
689

はじめに

ゴールデンタイムの人気番組に比べれば、視聴率は十分の一以下。予算規模なんて、ＮＨＫスペシャルに比べれば吹けば飛ぶような金額……そんなテレビ番組を背負って今年（２０２３年現在）でまる九年。一つだけ誇れることがあるとすれば、一度たりとも手を抜かなかったことくらいだろうか。もちろん、解説する本のセレクトの失敗、詰めの甘さから招いた凡ミスなどを数え上げたらきりがない。まったく……。

だが、「いい仕事をする」「一言でもいいから視聴者の記憶に刻まれる言葉を残す」という志だけはぶれずに貫いてきた。地味な道のりではあったけれど、それでも十年以上続く長寿番組として生き残れたこと、ささやかだけど注目してくれる研究者やマスメディアの人たちが最近ちらほら出てきたことで、「あんがい、意味のある仕事ができたのではないか」と、ぬか喜びをさせてもらっている。

申し遅れたが、私は、ＮＨＫ　Ｅテレで毎週月曜22時25分から放送している番組「１００分de名著」を担当するプロデューサー。ご存じの方もいるかもしれないが、古今東西の名著を二十五分×四回でわかりやすく解説する教養番組だ。

本書は、この「１００分de名著」という番組の企画制作の舞台裏を赤裸々にさらすことで、名著がもつ恐るべき力を炙《あぶ》り出そうという試みである。なぜ番組でこの本を選んだのか、なぜこの講師を抜擢したのか、どうしてこの切り口から解説しようとしたのか……といったことを、プロデューサーという立ち位置から包み隠さず明かすこと。それによって、名著という存在が、私たちの人生にいかに豊かなものをもたらすか、私たちの社会をよりよい方向へ導いていくのに、どれだけ重要な力を秘めているのかを浮き彫りにすることができると考えたのである。

プロデューサーといっても映画プロデューサーのような格好のいいものではない。れっきとした会社員であり、サラリーマンである。仕事の内容は極めてシンプルだ。毎年他番組との競合の中から番組の予算枠を確保すること、毎月企画書を書き採択を目指すこと、ゲスト講師をブッキングすること。ここまで準備ができたら、番組自体の演出・制作、副読本である番組テキスト制作は、チームである制作会社や出版社のメンバーが実行部隊として担ってくれる。

私自身がやることは、いわば、そのための設計図作成であり、全体の流れのかじ取りであり、品質管理にすぎない。番組のカラーはむしろ演出担当ディレクターやゲスト講師、司会者によって決まってくるといってもいい。私がこんな本の場を借りて、番組のなんたるかを語るのは、おこがましい行為なのかもしれない。

読者の皆さんに何かを伝える資格があるとかろうじて思えるのは、この九年間、死に物狂い（と自分で書くのもなんだが）で企画書を書き続けてきた経験の中からつかんだものがあるという確信からである。まだ全貌は見せてくれていないが、それは「名著」というものがもつ本質の一端である。この本に取り組むまでは、まだ漠とした感触でしかなかったが、担当編集者である竹村優子さんが告げてくれた一言で、はっきりと像が結ばれた。

「名著の予知能力」

そうか。私が日々戦慄をもって名著から感じ取っている力とは、「予知能力」ではなかったか。新型コロナ禍に置かれた私たちの状況をあたかも写し取っているようなアルベール・カミュ「ペスト」、世界で猛威を振るいつつある全体主義的な政治手法を痛烈に撃つジョージ・オーウェル「一九八四年」、対立意見を先鋭化し人々を分断に追い込むＳＮＳ社会の暗部を突くル・ボン「群衆心理」……数十年から数百年前に書かれた名著が、現代社会のありようを予言するかのように言い当てている。この九年間は、そのことに驚愕し続ける年月だったのだとあらためて思いいたった。

いや、「予知能力」といいきってしまうとミスリードかもしれない。予知しているかのように見えるのは、先人たちが自らの直観を研ぎ澄まし、人間や社会の本質をつかみとろうとあがき続けたからこそ、獲得できた普遍性があるからだ。そして、人間の本質は、時代が流れても全く変わっていない。普遍性を獲得した名著は、繰り返される人間の愚かさや過ち、蛮行、憎悪のうねり、社会の歪《ゆが》みを炙り出してくれるのだ。

名著に関する本は、これまでにもたくさん出版されていると思う。だが、この本は、それらの本とはまるで違う本になるはずだ。いわゆる入門書では全くない。これを読んだからといって取り上げている本の詳細がわかるものでもない。書かれるのは、番組企画作りのどん詰まりの中でつかみとってきた「ある種の真実」である。

だからといって、単に個人的な経験を羅列しようと思っているわけではない。この九年間の体験の中で、私自身、明らかに仕事のやり方が変わってきている。そればかりではない、人生そのものまで揺るがされている。つまり、名著は、読みようによっては、今ある自分を劇的に変える作用すらもちうるのである。その作用についても、エピソードに応じて示すことができたらと思っている。

「予知能力」は、非日常な超能力だけを示す言葉ではない。誰もが少なからず使っている「未来を予見する能力」でもあるだろう。この解像度を上げていけば、自分がどうあるべきか、社会はどうあるべきかも見えてくるはずだ。名著にはそれを与えてくれる力が確かにある。これは私が今、身をもって感じていることだ。

読者の皆さんが、この本からある視角を得て、名著と出会い直し、自らの人生を豊かにしてくださったら、著者としてこれ以上の幸せはない。

名著の予知能力／目次

DTP 美創

第一章 それはテロリズムから始まった

講師が青ざめるとき

シェイクスピア「ハムレット」

2014年12月放送

伊集院光さんが放つコメントの衝撃

日本を代表する……いや国際的にも高い評価を受けているシェイクスピア研究の第一人者の顔が青ざめていた。モニター越しに見えた表情なので、スタジオ照明の加減もあり、やや誇張が入ってしまっているかもしれない。もっと正確にいえば、表情がこわばっていた。次の句が継げないでいる。明らかに挙動がおかしい。

東京大学大学院総合文化研究科教授・河合祥一郎さん。「ハムレットは太っていた！」「謎解き『ハムレット』」といった著作に惚れ込んだ私が、「ハムレット」解説講師として抜擢した俊英だ。該博な知識とシェイクスピア愛あふれる華麗な解説が副調整室にいるスタッフ全員の心をも鷲掴みにしていたさなかだったので、明らかに異常事態である。

ようやく気持ちを取り戻した河合さんは、こういった。

「『ハムレット』の研究については、海外のものも含めてほとんどの文献や論文に目を通してきたつもりですが、その解釈は初めてです。私自身も、そんな解釈が可能とは思いもよりませんでした。でも、その解釈は『あり』だと思います」

いったい何が起こったのか？

主人公ハムレットが父親の仇《かたき》として憎むクローディアスのある台詞《せりふ》について、司会の伊集院光さんがさりげなく発した感想が、河合さんの思考を一時フリーズさせたのである。

伊集院さんの直観的なコメントが稲妻のようにひらめき、著名な研究者や作家が一瞬我を忘れてしまう。そんな瞬間を何度体験したことか。更にいえば、この瞬間こそ、「１００分de名著」という番組の最大の醍醐味である。台本通りの予定調和を切り裂く一言。それを受けて、一気に場が加速を始める。刺激された講師からも想像を超えたコメントが次々に発せられる。ウィンブルドンでの頂上決戦で一流テニスプレイヤーたちが繰り広げるようなラリーの応酬。番組の進行を俯《ふ》瞰《かん》して眺めているはずのプロデューサーも、恍惚に近い感情に押し流されていく時空だ。

今回問題となったクローディアスの台詞とはこうである。

言葉は宙に舞い、心は重く沈む。心の伴わぬ言葉は、天には届かぬ。
（「新訳　ハムレット」シェイクスピア著、河合祥一郎訳、角川文庫）

ハムレットの父親である先王を殺した罪をクローディアスが懺悔《ざんげ》するシーン、ラストの台詞。懺悔室でさんざん懺悔した風を見せて、最後に「なーんちゃって」と、クローディアスは舌を出すわけだ。こんな懺悔なんて嘘っぱちだよ、と。

物陰に潜んでこの様子を見つめるハムレットは、懺悔の途中で殺してしまっては、クローディアスを天国に送ってしまうことになる……ということで、クローディアスを殺すことを思いとどまる。だけど、実はクローディアスは懺悔なんてしていなかった。哀れ、ハムレット。ここで殺してしまえばよかったのに……と、舞台を観ている観客がはがゆい思いをするシーンとされてきた。これまでの解釈では。

ところが！　伊集院さんは新たな解釈を打ち出すのだ。

「ぼくは、真剣に何かを話すことが怖いから、本当のことをいった後に、つい照れ隠しで『なんつったりしてね』っていうことがよくあるんです。つまり、クローディアスはここで、舌を出して『なーんちゃって』といっているわけではなくて、『こんな俺が天国に行っていいわけないじゃん。懺悔で許されていいわけないじゃん』って真摯な気持ちで懺悔しているともとれるのではないか」

河合祥一郎さんが青ざめたのはこの解釈を聞いたからだ。クローディアスという登場人物が単なる悪役ではなく、極めて複雑な陰翳《いんえい》をもつ魅力的な存在として立ち上がってくる優れた解釈。一流の研究者ですら思いもよらなかった解釈が飛び出してしまうこの状況を、伊集院さんは、かつてこんな言葉で語ってくれた。

「無知との遭遇」

もちろんスティーブン・スピルバーグの映画「未知との遭遇」をパロったものだが、伊集院さんは、こんな風に説明してくれたのである。

「中卒で教養も知識もない自分のような人間だからこそ、先生方はいつも全身全霊でぼくにぶつかってくれる。だからなんだよね。いつもだったら絶対に出会わないぼくのような『無知』に先生が遭遇したときに、思いもよらない化学反応が起こる。自分自身も全く忖度《そんたく》なしで直観的に感じたことを言葉にしていくと、それが一流の先生方も驚いてしまうような言葉に結果的になってしまう。それを受けて先生も想像以上の言葉を発してくれる。この番組が一番面白いのはこういう響き合い」

伊集院さんの言葉は謙遜にすぎる。ラジオパーソナリティとして長年培ってきたトーク展開力、膨大な数触れ合ってきたリスナーたちの人生、休日すらインプットの時間としてさまざまな体験を仕込んでいく貪欲さ……伊集院光という人間の裾野の広大さが、可能にした解釈だと私は思う。

収録終了後、河合さんは私にそっと耳打ちした。

「秋満さん、ぼく、このネタで一本論文を書けてしまうかもしれません。目が覚めるようでしたよ」

私自身も体が震えた。プロデューサーに就任して以来五か月目にして、この番組の底力を見た。名著と講師と……そして進行を担当する司会、アニメーション、朗読、ナレーション……全ての要素が響き合い、幾重にも倍音となる「共鳴空間」。その中で想像を超えた「事件」が起こる。こんな番組、観たことがない。

シェイクスピアの「ぶちかまし」

「ハムレット」のシリーズは、その後も、何者かに加速させられるかのごとく、次々と魅力的な解釈を生み出していった。全てを書いていくときりがないが、その後の番組の方針を決定づけるような解釈が再び出現するので、そのことを書いてみたい。その解釈とは、以下の台詞を巡ってのものだ。

　君たち、青白い顔をして、この出来事に震えているのは、まるでこの芝居のだんまり役か観客だな。（前掲書）

　この台詞は、決闘試合に臨んで、ついに父王の復讐を成し遂げて死にゆくハムレットが、呆然と見守る観衆たちに投げかける言葉。普通に考えればそうなのだが、河合祥一郎さんはこういう。

「これは『メタシアター』といって、芝居の枠組み自体を見せてしまおうというシェイクスピアのテクニックの一つなんです」

つまり「君たち、青白い顔をして、この出来事に震えているのは、まるでこの芝居のだんまり役か観客だな」という台詞は、芝居の中で描かれる決闘試合の観衆に投げかけている台詞であると同時に、リアルに「ハムレット」というお芝居を観ている現代の私たち観客自身に投げかけられた台詞でもあるというのである。

　この台詞は、芝居に没頭していた私たちをいきなり現実に引き戻す効果をもっている。「そこにいる現実の観客の君たち、『ハムレット』というお芝居を、自分たちとは関係ないものと思って傍観者みたいに観ているんじゃないか？　他人事《ひとごと》じゃないんだぜ」とシェイクスピアが叫んでいるのだ。朗読した俳優・川口覚《さとる》さんの読みの素晴らしさもあって、この一言を聞いたとき、思わず、我が身を貫かれるような思いがした。「おまえは、運命に唯々諾々と従うだけなのか、それとも命がけで何かを変えようと踏み出すのか、どっちだ？」とハムレットに指さされているような錯覚。

なんだ？　この言葉の力は？

伊集院さんは、この手法を「ぶちかまし」と表現して、感動を次のように語ってくれた。

「役者ごとこっちの現世にタイムスリップしてきた感じも受けるし、逆に俺ら観客ごと向こうのシェイクスピアの世界にタイムスリップした感じも受ける。人によって感じ方がまるで違ってくると思う。お芝居自体の奥行きが一気に広がる。これは映画じゃできない」

時空を超えて我が身に迫ってくる名著。執筆された時代の背景と、その作家を支えた思想を奥深く読み解いていくと、名著は、今を生きる私たちの人生をも激しく揺さぶる力をもちうる。いや、そうではない。そういう力をそもそももっている本こそが「名著」なのだ。

「100分de名著」なんて、難しい本をダイジェストにして、お粥《かゆ》のように加工してわかりやすくする初心者向けの番組だろ？……巷《ちまた》ではそう揶揄《やゆ》する人たちもいる。

とんでもない！

私はこのシリーズで何かをつかんだ。「ハムレット」という四百年以上も前の物語が、現代の物語……いやそれ以上に私自身の物語となった。我が血肉となった「ハムレット」は、確実に今後の私の人生にコミットしてくるだろう。これこそが、名著を読むという体験ではなかったか。

私は、そのとき人類が紡いできた奥深い歴史とつながった気がした。名著は、今に甦《よみがえ》ってこそ名著なのだ。そうやって幾年月も読み継がれてきたのだ。そのことを体感した出来事だった。

それから二か月後、私は、更なる深い体験を通して、番組の基本コンセプトを固めることになる。

テロリズムとの遭遇が番組コンセプトを生んだ

メアリ・シェリー「フランケンシュタイン」

２０１５年２月放送

福島第一原子力発電所事故処理への違和感

「二か月後、私は、更なる深い体験を通して、番組の基本コンセプトを固めることになる」と前節を締めくくった。この節では、その大きなターニングポイントについて書いてみたい。ただ、その前に時間をもっと遡《さかのぼ》ることをお許しいただきたい。遠因は、私が「１００分de名著」プロデューサーに就任する前のことだった。

始まりは、２０１３年頃に感じた、福島第一原子力発電所事故への事後対応についての違和感だった。当時は、「汚染水」の処理の問題がクローズアップされ始めている頃だった。ところが、政府首脳は、「福島の状況はアンダーコントロール」という言葉を発した。東京オリンピック誘致のためだ。

深い違和感……。いや、そういってしまうと逃げかもしれない。私だって同じだったからだ。震災から二年たって、原発事故の事後対応のことを胸の奥のどこかにしまいかけていたのではないか。今も苦しんでいる数多くの人たちがいるというのに、だ。アンダーコントロールと思い込もうとしていたのは自分自身ではないか。あの発言は、期せずして、逆方向から私の胸を刺し貫いた。

自分にできることはないのか。2013年は、そのことばかりを考えていた。翌年7月、思いもかけないことが起こる。異動先のNHKエデュケーショナルで、「100分de名著」のプロデューサーを担当することになったのだ。

就任当初から心に誓っていたこと。東日本大震災や福島第一原発の被災者に寄り添い、自分自身も当事者の一人として、甚大な災禍からどのように再生していったらよいのかを一緒に考えていけるような番組を作りたい。

だが、早々に壁にぶちあたる。この番組はドキュメンタリーではないので、直接被災者の声を届けたり、彼らの姿を伝えたりすることはできない。あくまで古典の名著をわかりやすく百分で解説する教養番組……だが、何か方法はあるはずだ。番組の企画を考える中で、常にそのことが念頭にあった。

すでに番組で二冊ほど名著を紹介し終えた頃だったので、古典の名著がぐっと現代の問題に近づいてきた瞬間を何度か目《ま》の当たりにしていた。だから、東日本大震災は今まで誰もが経験したことがなかった未曽有《みぞう》の出来事だとはいえ、この問題を考えるためのよすがになるような名著はきっとあるはずだと確信していた。その思いを胸に、何度も図書館に通い詰め、さまざまなジャンルの本の背表紙を眺める日々を過ごしていた。

ついに尻尾《しっぽ》をつかんだ！

それは「批評理論入門」というタイトルの新書だった。副題には「『フランケンシュタイン』解剖講義」とある。「フランケンシュタイン」は、ＳＦ好きだった高校時代に『フランケンシュタイン』はＳＦの起源の一つと目されている」という評言をどこかで読んだのがきっかけで愛読していた本だった。この名著を「解剖する」とは面白い。果たしてどんなことが書かれているのか？

文字通り（姿通りというべきか）、ジャンルを横断するようなツギハギだらけの名作「フランケンシュタイン」を現代批評理論というメスでばっさばっさと切りまくる痛快さ。現れたのは見事なまでに「今」を映し出す臓腑の数々。一つの文学作品に対してこんなにも多様な解読ができるのか。驚愕のまなこで読み進めた。そして、この作品を「ＳＦジャンル」として読み解く章の中で、さりげなく書かれた一節に目がとまる。

> 科学によって創造されたものが、予期せぬ結果を導く。
> 進歩は破局と不可分である。

（「批評理論入門―『フランケンシュタイン』解剖講義」廣野由美子著、中公新書）

これって原発じゃないか？　主人公の科学者、ヴィクター・フランケンシュタインが創造した「怪物」。人類の科学の粋を集めて造られたはずの人造人間が、やがて人類に復讐を誓い、圧倒的な力で殺戮《さつりく》を開始する、おぞましきストーリー。これは、私たちにとって「科学技術とは何か」を問いかける物語ではないのか？……私の中で直観がそう囁《ささや》く。

ほぼ徹夜で「フランケンシュタイン」を読み返した。その際の印象を、作品のあらすじを交えて書いてみよう。

天才的な科学者ヴィクター・フランケンシュタインは人造人間の製造に成功する。しかし誕生したのは見るにたえない醜い怪物だった。ヴィクターはそのおぞましさに耐えられず逃げ出す。一人うち捨てられた怪物は、はじめは善良な存在だったが、いわれない迫害を受け人類への復讐を決意。ヴィクターを取り巻く人々の殺戮を開始。ヴィクターの婚約者まで殺害される。怒りに駆られたヴィクターと怪物の追いつ追われつの追跡劇がついにスタートする……。

読みながらうなった。ヴィクター・フランケンシュタインは科学の素朴な信奉者であり、自分が行っている科学的な発明が人類に何をもたらすかを深く考えていない。そこにあるのは偉大な功績を残したいという野心だけだ。彼の発明はもしかしたら人類に大きなプラスをもたらす可能性もあったかもしれない。だが、彼は、その発明によってもたらされた想定外のおぞましさを直視できず、逃げ出してしまうのだ。その結果としてヴィクターは自らが生み出したものに逆襲を受け、愛する人たちを次々に殺されていく。そこには、本来人類に幸福をもたらすはずの科学が、科学者の責任放棄によって暴走し、やがて人類を破滅の危機へと導いていくという、現代人が直面している問題が象徴的に描かれている。そう読むと、この物語が胸に迫ってくる。

ヴィクターの姿は、甚大な被害や被災者を生み出しているにもかかわらず、それを忘れ去り、見ないようにする私たち現代人そのものではないか。これは震災後の私たちの物語である。その場で、一気に企画書を書きあげた。第三回のサブタイトルは、「科学の『罪』と『罰』」。この回で、私たちにとって「アンダーコントロール」ではない科学について真剣に考えたかったのだ。

番組講師も「批評理論入門」を執筆した廣野由美子さんに決めた。お会いしてすぐに、私が考えていた企画のアウトラインに共鳴してくれた。こうして「フランケンシュタイン」の企画が無事立ち上がったのである……こう書き終えると、きれいにストーリーがまとまり、丸くおさまるだろう。だが、現実はそう単純ではなかった……。

「怪物」とレッテル貼りする思考停止

制作の最中に想定外のことが起こった。「シャルリー・エブド事件」。フランス・パリの週刊風刺新聞「シャルリー・エブド」の本社にイスラム過激派テロリストが乱入し、編集長、風刺漫画家、コラムニスト、警察官ら合わせて十二人を殺害した事件である。

番組制作自体に特段影響を与えたわけではない。影響を受けたのは私自身だった。この事件の直後に番組収録が行われた。アニメーションと朗読で「フランケンシュタイン」のあらすじを振り返りながら、何度もデジャヴのように事件のことが頭の中で再生される。

凶悪な犯罪や卑劣なテロ行為……この世の中にはさまざまな「悪」が存在する。そんな「悪」に直面したとき、私たちは何よりも「卑劣な行為だ、絶対に許せない」と強い憤りを感じ、断固としてそんなものには屈しない……そんな思いに駆られる。それは人間として当たり前のことだろう。

だが、突然「フランケンシュタイン」という作品が、ある視角を与えてくれた。実は、自分はそこで「思考停止」していたのではないか、と痛切に感じさせられたのだ。犯罪やテロに「邪悪なもの」とレッテルを貼り、切り捨て、単に憎悪の対象にしてしまう。でも、それだけでは本当の解決にはつながらないのではないか。「フランケンシュタイン」という作品が、そう問いかけているような気がしたのだ。

「怪物」はそもそも善良な存在だった。ゲーテやミルトンを愛読し、人間の高貴さや愚かさについても深く考え続けていた。彼の願いは、ただ隣に住んでいる家族と友達になりたいというささやかなものだった。

しかし、彼を理解してくれたのは、盲目の老人たった一人だけ。どんなに努力をしても、醜いというだけで、彼は疎《うと》まれ、いわれのない迫害を受け続ける。そんな状況への怒りが限界まで達した瞬間、彼は人類への復讐を誓うのだ。

何の罪もない人たちを殺戮し続ける「怪物」の行為は、決して許してはならない「悪」には違いない。では、彼を単に攻め滅ぼしてしまえば問題を全て解決できるのだろうか？ 人間が何の反省もなく科学者ヴィクターのような無責任な行為を続けていけば、第二、第三の「怪物」が生まれてくることを止めることはできない。そう思えてならなかったのだ。

ほぼ同じ時期、作家の高橋源一郎さんは、「テロリズム」について次のようにＳＮＳでつぶやいていた。

> 「テロリズム」は絶望から生まれる。希望がないから破壊にすがるしかないのだ。だから、いくら滅ぼしても、希望がない場所では「テロリズム」は再生する。この世界が生きるに値する場所だと信じさせることしか、彼らを真に滅ぼす方法はないのだ

（2015年2月7日のツイート）

私たちが今やらなければならないのは、「悪」に対して、単に「邪悪なもの」とレッテルを貼って切り捨て、そこで思考停止してしまうことではなく、「なぜそんな悪が生み出されたのか？」「悪を生み出さないためには何が必要なのか？」を考え続けることではないか。「フランケンシュタイン」という作品は、現代の私たちに、そう問いかけているような気がしてならなかった。

あまりにもリアルタイムな出来事で、番組の中に、この実感を反映させることはできなかったが、この発見は、すぐ後に番組コンセプトに結晶する。あるメディアが番組の取材をしてくれた際に、「番組で取り上げる名著の選定基準は何ですか？」という質問があがった。一瞬答えに詰まってしまったが、とっさに「フランケンシュタイン」の回のことが胸をよぎった。そうだ、これこそ選定の基準だ！

「名著は現代を読む教科書である」

思わず、そんな言葉が口をついて出てきた。この番組は単なる訓詁注釈的な教養番組ではない。古典や名著と呼ばれるものには、必ず現代人の生き方や現代社会を読み解くための鍵が潜んでいる。この鍵を浮かび上がらせること。それがこの番組のミッションだ。

世界に名だたる名著だからといって、その鍵を見出せなければ、その読み解きは単なるお遊戯だ（そんなお遊戯を決して否定しているわけではない。私だってそういう知の愉しみを堪能することはある）。こと、この番組に限っては、「名著は現代を読む教科書である」という明確な基準で本をセレクトする。

現代を読む鍵を提供することこそが、単にお勉強のための番組に終わらない、豊かな番組に仕上げていくための要なのだ。取材を受けながら、自然に普段考え続けてきたことが言語化されていった。

これが、私の中に明確な番組コンセプトが生まれた瞬間である。もう一度、いおう。

「名著は現代を読む教科書である」

「絶対的な他者」と向き合う

スタニスワフ・レム「ソラリス」

２０１７年12月放送

ジャンル開拓への冒険

「名著は現代を読む教科書である」という明確な番組コンセプトを定めてから、かえって名著のセレクトの自由度が増した。選択基準の先鋭化は、普通であれば、かける篩《ふるい》の目が細かくなるわけだから自由度が低くなると思われるかもしれない。ところが、実際は真逆だった。想像力がどんどん飛躍を始めるのである。

「現代を読む教科書」として読解できるのであれば、むしろこれまで想定していなかった種類の本であっても候補になりうるのではないか？　そう考えると書物探検のわくわく感が止まらなくなる。……というわけで、これまで決して取り上げることをしてこなかったジャンルの開拓が始まった。

　たとえば「生物学」ジャンル。科学書は専門家向けに書かれているものが多いため、一般読者には向かないケースも多いのだが、一般向けの読み物としても、専門家向けに価値の高い専門書としても、両面で読みうるような本があることを知った。「種の起源」である。

　優生思想などに悪用され評判が悪いダーウィンだが、実際読んでみると優生思想とは真逆で、生物の多様性の大切さを緻密な論理の積み重ねによって明らかにしていく、実にスリリングな書物であることがわかった。もちろん専門家向けを意識したやや高度な論述もあるものの、大部分は一般の人でも読める具体性と面白さがある。むしろ、ダーウィンはそうした読みを想定していたかにも思える。「種の起源」のシリーズは、講師の進化生物学者・長谷川眞理子さんのお力もあって、単に科学書にとどまらない、ある種の世界観を示すことができたヒット作となった。

　ネタバレご法度《はっと》の「推理小説」ジャンルにも手をつけた。「松本清張スペシャル」だ。特に前半で紹介した「点と線」「砂の器」は、本格的な推理小説だから、結末まで番組で紹介すると、小説の魅力のある部分を奪ってしまう可能性も大きかった。しかし清張の本の魅力はそんなことでは全く色あせないことが読んでみてわかった。

　清張の推理小説は、実に「人間洞察」の本なのである。高度経済成長期における人間の欲望と闇、社会に宿痾《しゅくあ》のように残る差別構造やそれと闘う人間の葛藤……等々。トリックや犯人捜しももちろん清張作品の魅力ではあるが、講師の原武史さんのおかげで、そんな仕掛けの魅力をはるかに超えた清張の人間哲学のようなものを炙り出すことができた。もちろん、最初に

「ネタバレ宣言」をした上ではあるが。
そんな中でも、私にとって最も冒険だったのが「ＳＦジャンル」への挑戦である。ＳＦ、すなわちサイエンスフィクションは、空想科学小説とも訳される通り、宇宙を舞台にした冒険活劇あり、きらきらした科学の装いを施した秘密兵器あり……と、どちらかというと、少年向けのお手軽エンターテインメント小説という偏見にさらされてきた。つまり、大人向けの読み物ではないとみなされてきたのである。
だが、私にとっては違った！

「『ソラリスの陽のもとに』というＳＦ作品は、間違いなく、人間存在の深遠さを凝視した世界的な文学である」

そんな確信に満ちた直観を、高校生時代に初読して以来、三十年以上もち続けてきた。「世界ＳＦ全集」と銘打たれた早川書房のシリーズを学校の図書館から借り出しては読み続けていた高校時代。飯田規和訳「ソラリスの陽のもとに」にたどり着いた私は、それまで読んできたいかなるＳＦとも違う手ごたえを感じた……いや、そんな生易しいものではない。自分がばらばらになってしまうような衝撃。自分の存在を根幹から揺さぶるような絶対的な恐怖。「ソラリス」の番組シリーズ講師、ロシア・東欧文学研究者の沼野充義さんが「形而上学的恐怖」と見事に表現してくれたが、私にとってその体験は、その後のものの見方さえ変えてしまうほど強烈なものだった。

だから「ソラリス」は、「名著は現代を読む教科書である」という番組コンセプトを掲げて以来、どこかで取り上げられるタイミングがないかと念じ続けてきた作品だった。あの根源的ともいえる恐怖の正体を見極めたい。ただ取り上げることを躊躇《ちゅうちょ》し続けた理由は、この作品がＳＦ小説であることだった。私自身は、ＳＦに対して何の偏見もなく、ジャンルという枠を超えて古典として残っている作品の中には「世界の名著」と呼んでさしつかえない風格をもったものも存在すると思ってはいた。しかし、世間一般の評価はどうなのか。古典の名著として数えても違和感をもたれないか。ずっと悩み続けてきたのだ。

訪ねた先の仕事場の表札が「ソラリス」

そんな私に一歩踏み出す勇気を与えてくれたのが、沼野充義さんだった。もともと「屋根の上のバイリンガル」「対話で学ぶ〈世界文学〉連続講義」を愛読していた私は、ロシアや東欧の文学の何かの作品を沼野さんに解説してもらおうと目論《もくろ》んでいた。

まずは訪ねてみようと思い立ったのが２０１７年４月。事前に候補作の下調べをしようとして見つけたのが沼野充義訳「ソラリス」だった。

若き日の自分に衝撃を与えた作品の新訳を沼野さんがやっている！　恥ずかしながら新訳されていたことを知らなかった私は、貪《むさぼ》るように読み始めた。そして、その訳には、私が抱いてきた疑問のいくつかに答えてくれる内容が込められていることにも気づいた。この作品が、更に深化する形で、世界文学としての強力な魅力を放っていることにも。

作品を読み終えた5月、私は、沼野さんに、取材依頼のメールを送った。返事は驚くほど早かった。そこには、「『ソラリス』は私の人生を決めたといっていいほど大事な本です」との文言。もうこれは「ソラリス」の解説をお願いするしかない。

とはいえ、企画が通るかどうかの目途は全くたっていなかった。まずは私は、沼野さんの仕事場を訪ねてみることにしたのである。

この訪問は、私の心を更に揺さぶった。

「スタジオ・ソラリス」

訪ねた仕事場の表札に、なんと「ソラリス」の名前があったのである。そして、案内された仕事場に、まるまる一つの書棚を占領するようにレムの資料がぎっしり！　人差し指の長さほど分厚いレムの書簡集も見せていただいた（もちろんポーランド語なので読めないが）。驚きだったのは、沼野さんがレム本人にインタビューした際のビデオテープも秘蔵していたことだ。年来のレム・ファンの私には夢のような時間だった。

しかし、何よりも心を動かされたのは、沼野さんがレムのことを語る際の言葉の端々に宿る「熱」と「愛」だった。仮に世間一般的な尺度でいえば、レムの知名度はやや低かったとしても、この「熱」と「愛」は、確実に視聴者に届くはずだ。そう確信した。実は、この段階にあっても、他のロシア文学の候補作品も考えてはいたのだが、心は決まった。

こうして、沼野さんの情熱に突き動かされるように（それは私自身の情熱でもあった！）、企画が動き出していった。もちろん企画を通すにはさまざまな苦労もあったのだが、今、この時代にこの作品を取り上げる意味、この作品の世界文学としての価値、視聴者の皆さんにきちんと届くような内容構成を練り上げ、深めていくことで、企画採択にこぎつけることができたのである。

「ソラリス」が示す人間の真の勇気

沼野さんの解説の中で、最も心に刻まれたのは、「ソラリス」という作品に「絶対的な他者と向き合うことの大切さ」というメッセージが込められているという指摘だった。まずは、未読の人のために、簡単に作品のあらすじを振り返っておこう。

惑星ソラリスの探査に赴いた科学者クリス・ケルヴィンは、観測ステーション内で科学者たちが自殺や鬱病に追い込まれている事実に直面。何が起こっているのか調査に乗り出す。その過程で、死んだはずの人間が次々に出現する現象に遭遇し、自らの狂気を疑うクリス。その後の調査の結果、惑星ソラリスの海が一つの知的生命体であり、死者の実体化という現象は、海が人類の深層意識を探りコミュニケーションをとろうとする試みではないかという可能性に行き当たる。果たして「ソラリスの海」は本当に知的生命体なのか。そしてその目的とは？　さまざまな探査の試みが続く。

しかし、海からの応答はなく、不可解な自己運動を繰り返すだけ。「ソラリスの海」は最後の最後まで謎に包まれたままの「絶対的他者」であり続ける。にもかかわらず、この人間の理解を絶した他者を、小賢《こざか》しい人間の知のレベルに閉じ込めることなく、徹底して「そのもの自体」として向き合おうとクリスが覚悟するところでこの物語は終わる。

沼野さんの解説を通じて、「ソラリス」には、まさに今、世界を覆っている重苦しい暗雲を振り払っていくヒントがあると思った。

世界は元来、もっともっと複雑で多様であるはずなのに、全てを「敵か味方か」という二色だけで色分けし、敵とみなしたものは徹底して排除するという思潮が世を覆っている。

テレビ、新聞、雑誌等々のメディアも、本来、多様な人々の意見を尊重し、マイノリティも含めて多様な権利を擁護し、権力に対して厳しいチェックを行うことが創設されて以来の使命であるはずだった。

にもかかわらず、全てを一つの意見で塗りつぶし、自分と意見を異にするものは全て敵とみなして徹底的に排撃し続けるといった極端なメディアも散見される世の中になった。自戒も含めて思うのだが、同じ考え方の人たちだけに囲まれて、複雑な世界を単純化し、異なるものを排除し続けることのほうが、安易で、居心地がよいと思う人が多いのかもしれない。

しかし、人間の真の勇気とは、自分とは全く異なる他者に身をさらし、自分自身が変わっていくことも恐れず、違和感や異質性に向き合い続けることではないか？　「ソラリス」の主人公、クリス・ケルヴィンが最後に示した姿勢こそ、レムが最も訴えたかったメッセージであり、私たちが今、最も学ばなければならないことだと思えてならない。

本書のタイトルである「名著の予知能力」という言葉は、担当編集者に提案してもらって、事後的に発見したものではあるが、こうして見てくると、名著は、「予知能力」としか表現できないような力を確かにもっている。

「ソラリス」の著者、スタニスワフ・レムは、自分の祖国であるポーランドの国境が数度にわたって変更され、故郷の町の名前も次々に別の言語に変更されるさまを目の当たりにしてきた。

ロシアにおける社会主義革命、ナチスドイツによる全体主義、苛烈な民族差別、戦後の冷戦構造等々、世界史的な地殻変動の波にまともに洗われ、翻弄され続けた、二十世紀という激動の時代の生き証人である。

明日には我が故郷はなくなっているかもしれない。信じられる確かなものが何一つない世界の只中で生きたレムは、「絶対的な他者」を常に見つめ続けてきたのだ。それを象徴する作品が「ソラリス」であり、その苦悩と葛藤が結晶しているからこそ、私たちが生きるこの現代社会を照らし出す力をもっているのだ。

あらためて思う。「名著の予知能力」は、天から降ってきたような超常能力などではない。著者が、世界の不条理と、人々を覆う憎悪と、人間存在を底から突き動かす闇と、社会にはびこる暴力や悪と、真っ向から向き合い、もがき、あがき、苦しみぬきながら、作品を紡いでいくからこそ、結果的に得られる「普遍性」のことなのだ。その「普遍性」があたかも現代の状況を予知しているかのように見えるのだろう。

この「普遍性」と「名著の深み」に、可能な限り迫っていきたい。「ソラリス」は、そんな思いを新たにする、忘れがたいシリーズとなった。

「概念」の力が未来を照らす

マルクス「資本論」

2021年1月放送

「概念」とは解像度の高いレンズ

かつて、私の尊敬する哲学者ジル・ドゥルーズは、哲学の定義を「概念を創造すること」と述べた。概念を創造し、今まで見えなかった現実を見えるようにすること。この刺激的な言葉は私の脳裏にはりついて離れなかった。読んだのは大学院生の頃だから、およそ三十年以上前。なんと、時を隔てて五十代にして、この言葉をありありと体験することになった。経済思想家・斎藤幸平さんとご一緒した「資本論」のシリーズでのことである。

「概念が、今まで見えなかった現実を見えるようにする」とはどういうことか。卑近な例すぎてドゥルーズ先生に怒られそうだが、たとえば「パワーハラスメント」。この概念が生まれる前までは、上司による強圧的な命令やつきあいたくない飲み会に誘われることなどが平然とまかりとおっていた。「パワハラ」という言葉が生み出されたおかげで、これまで自分がどんな精神的な被害にあってきたのか、それに対してちゃんと異議申し立てをしてもいいんだ……等といったことがクリアに見えてくる。そう、概念が生まれることで「見えなかったもの」が可視化されてきたわけだ。

こうした「概念」の力は、プラスに働くだけとは限らない。たとえば「発達障害」。幼少期に、少しでも集中力がかけていたり、多動癖があったりすると、たちまち精神科医によって「発達障害」との診断が下る。もちろん対応方法を考えるために有効な面もあるかもしれない。だが、何事も行き過ぎると、逆に現実が見えなくなる。多動癖が全部「発達障害」であるならば、アインシュタインは立派な「発達障害者」だ。ユニークな「書」で名をなした武田双雲氏は、何度も「発達障害」と診断されたと自負をもって語る。これは自分の才能だ、これがあるから自分は大きく羽ばたくことができたのだ、と。世にいう健常者と障害者の間にはくっきりとした境界などない。あるのは限りないグラデーションだけだ。私たちは、レッテル貼りをすることで、貴重な才能を押しつぶしているのではないか。「概念」には、こうしたマイナス面もある。

やや話が横道にそれすぎた。ことほどさように、「概念」のもつ力は、今まで見えなかったものを見えるようにしてくれる、解像度の高いレンズのようなものなのだ（後者のようにそのレンズが歪んでいるケースももちろんある）。そして、番組の企画を作っていく作業は、こうした「概念」を練り上げていく作業ではないかということなのだ。

番組で「資本論」の企画を立ち上げていく経験は、まさに「概念を創造していく」ようなプロセスだった。そして、番組完成後の今にして深く思う。よき概念は、私たちの未来を照らしてくれるものなのだと。……というわけで、「資本論」の企画がどのように立ち上がっていったのかをトレースしてみたい。

「マルクスはジャーナリスト」という発見

まず、なぜ今「資本論」を取り上げることになったのか――という話から始めよう。実は、マルクスの著作を番組で取り上げるという腹案はずっと抱いていた。現代の資本主義社会を見つめるためには、肯定的にとらえるにしろ否定的にとらえるにしろ、彼の理論を避けては通れないと思っていたからである。しかし、ＮＨＫでは、「１００分de名著」のパイロット版ともいうべき「1週間de資本論」という番組をすでに放送していた。私の大先輩方プロデューサーによる力作だ。それゆえ、再びマルクスに取り組むのはハードルが高いなという気おくれがあった。

それともう一つ。正直な告白をすると、社会人二年目に「ソ連の崩壊」を目の当たりにして、「マルクスの思想は終わったな」と勝手に決めつけていた自分もどこかにいたのだ。

ところが、そんな私の中に、再びマルクス熱が燃え上がった。きっかけは２０１９年３月にフランス文学者の鹿島茂さん、思想家の内田樹《たつる》さんと三人で、サルトルとカミュについて鼎談《ていだん》するイベントを企画し、まことに素晴らしい知的な一夜を過ごしたときのことだ。その帰路でたまたま内田樹さんと銀座線の車内で二人きりになった。イベント後の会食の場で交わした奥深い文学談義の余韻もあってか、マルクスの著作「ルイ・ボナパルトのブリュメール18日」についての話になったのだ。

内田さんは、遠からず鹿島茂さんと「ルイ・ボナパルトのブリュメール18日」についての対談を行う予定だという。私はこの著作についてよく知らなかったので、いろいろ質問を投げかけた。すると内田さんから実に明快な解説が返ってきた。

この著作は、ルイ・ボナパルトこと後のナポレオン三世が、いかにして、伯父の初代ナポレオンの威光を利用してフランス革命の遺産を簒奪《さんだつ》し、大統領就任を経て最終的に皇帝になりおおせたのかを鮮やかな筆致で分析した、当代きってのジャーナリスティックな論文だという。当時ヨーロッパで同時多発的に起こった市民革命、通称「四十八年革命」の敗北でアメリカに亡命していた、主にドイツ人読者たちを対象に書かれたものだそうだ。革命の挫折だけならまだしも、なぜあんなにも凡庸な人物が独裁者となることができたのかを切実に知りたいという読者が相手だったからこそその、臨場感とリーダビリティに満ちているというのが内田さんの論評だ。

驚きなのは、マルクス自身が確立した階級史観、経済決定論から逸脱するような概念を繰り出し、これまでの自分の理屈では説明しきれない現象を卓抜した抽象化能力で分析し尽くしていることだ。

皮肉なことに、この独裁者は、希望とともに確立された初めての男子普通選挙の中で生まれた。マルクスの分析によれば、ルイ・ボナパルトがおさえたのは、最大の支持基盤、それまで代表者をもたなかった「分割地農民」（フランス革命後に急増した独立自営農民）だけではない。彼は狡猾にも、内輪もめを続け期待を裏切り続ける諸党派から、支持層を切り崩し掠《かす》め取っていくのだ。「秩序の保護者」を自称することでブルジョワジーや中産階級を、「帝国の栄光の後継者」を演じることで官僚や軍隊を、「長い亡命生活の苦労」を売りにして、ルンペン・プロレタリアートと呼ばれる浮浪者、遊民たちを惹きつけていった。

マルクスは、空虚な希望を喧伝《けんでん》し何の根拠もないのにその実現への期待を煽《あお》るルイ・ボナパルトのこうした手法を「ナポレオン幻想」という概念で明らかにした。自分を「全ての階級の代表者」に見せかけて支持基盤を短期間で一挙に拡大していく巧妙な詐術のメカニズムを、暴き出していったのだ。

空《から》約束同然の「明るい未来」に惹きつけられ、少しでも自分と異なる人々を「敵」としてつるし上げる民衆の視野狭窄を狡猾に利用して、国民の四割から支持を集めたトランプ政権の成立を見るようだった。現代社会を切り取る鋭い視点を与えられたような気がした。

短時間だったのだが、とても魅力的にこの著作のことを語られる内田さんの話にぐいぐい引き込まれてしまった。その足ですぐにこの本を購入して読んでしまうほどに。

……面白い！　内田さんのいう通り、これは超一級のジャーナリストの筆ではないか。マルクスというと、がちがちな理論家というお堅いイメージだったが、正直この本にはぶっ飛んだ。今、まさに現在進行形で起こりつつある歴史的な事件について、さまざまな概念装置を駆使して、現象の裏にある明快な構造を見せてくれる。それも書割《かきわり》のようにではなく、動く映像として。まさに「概念」の力を思い知らせてくれた。このことがきっかけで、マルクスの著作に番組で再チャレンジするのもありかと思い始めたのだ（というわけで、内田樹さんには伏して御礼申し上げたい）。

若きマルクス研究者との出会い

ご縁とは不思議なもので、それから数か月後、とある大手書店のＰＲ誌に掲載された「大洪水の前に」という斎藤さんのデビュー作の書評に出会うことになる。マルクスをエコロジカルな視点から読み解くという主旨がとても新鮮で、早速手にとって読み始めた。実に丁寧にマルクスのテキストを読み解きながら、今までに考えたこともなかったマルクス像を浮かび上がらせる手際に、凄い若手研究者が出てきたなあと驚いたのをよく覚えている。今にして思うと、「大洪水の前に」の初版が２０１９年4月だから本当に早い時期での幸運な出会いだった。

余談になるが、高度な集中力が働いているとき、不思議なことに、連鎖的につながっていくように幸運な出来事が起こることがある。あるいは逆なのかもしれない。集中力が高まっているからこそ、一見関連性のないような出来事の間に、必然としか思えないような関連性を見出せるのかもしれない。年に一度あるかどうかの稀《まれ》な体験だが、このときの私は間違いなく、連鎖的な出来事の波に乗っていた。

「大洪水の前に」は、学術論文をベースにした本だから、なかなか骨太な内容だった。しかも、ちょうど忙しい時期だったので、読み終えるのに半年以上も要した。ちょうど読み終えたところに……もう、これもまた奇縁としかいいようがない！　「大洪水を前に」を担当した編集者からメールをもらったのである。「斎藤幸平さんとお会いしてみませんか」とのお誘いに、「渡りに船」とばかりにお会いしたのが２０２０年の1月。ちょうど「資本論」の放送一年前のことになる（更に驚くべきことに、ほぼ同時期に、他の出版社の編集者からも、番組出演者候補にするかどうかは全く別として、斎藤幸平さんにお会いしてみませんかというお誘いが。ここまで編集者たちに愛される研究者、恐るべし！）。

初対面のとき、想像以上の若さにも驚いたのだが、何よりもびっくりしたのは、斎藤さんが

「資本論」のいろいろなバージョンの翻訳の違いをすらすらっと比較・解説してくれたこと。ちょっとしたマルクス翻訳史ミニ講義だったのだが、これが実に面白い。この段階では、マルクスのどの著作をやるかも決めていない状況だったが、要点を的確に、短く、一般の人にもわかりやすく伝える能力の高さを目の当たりにして、斎藤さんだったらどの著作でも魅力的な解説ができるな（品定めをしているようで斎藤さんに怒られそうだが）と直観したのだった。

マルクスをやるなら「資本論」しかない

　更に本音をいってしまうと、最初の想定候補は、「経済学・哲学草稿」か「ドイツ・イデオロギー」だった。「一週間de資本論」をすでにやってしまっているので、他の著作でないと企画が通りにくいだろうという判断からだ。斎藤さんは「資本論」を一番にやりたいという気持ちをもっていたのはよくわかっていたのだが、ここは、自分自身が少し日和《ひよ》っていた。

　しかし、斎藤さんと実際にお会いしていく中で、気持ちが「資本論」に大きく傾いていく。現代社会の問題に鋭く切り込むには、やはり「資本論」が最もインパクトがあるのではないか。折しも新型コロナ禍の只中で、マスク不足、アルコール消毒液不足、医療資源の枯渇が大きな社会問題になっていた。私たちの命を支えている最も大事な存在すら、資本の論理に投げこみ、効率化していった果てに切り捨てた結果がこれではないか。根本からこれらの問題を考え直すには、やはり「資本論」による分析しかない。斎藤さんにお話を聞く中で、そんな確信が深まっていったのである。

ここで斎藤さんによる「資本論」解説の全貌を紹介することは紙幅の関係でできないが、その中核ともいえる論旨の一部を簡単にご紹介しよう。マルクスが「本源的蓄積」と呼ぶ現象の分析である。

「本源的蓄積」とは、主に十六世紀と十八世紀にイングランドで行われた「囲い込み」のことを指す。「囲い込み」とは、それまで共同管理していた農地などから農民たちを強制的に締め出していく運動だ。資本家が利潤を追求して利益率の高い羊の放牧地に転用する目的のためには、農民たちを農地から追い出す必要があったのだ。

農民たちは、前資本主義社会では、共有地をみんなで管理しながら、労働し、生活していた。土地は個人が売買できるような私的な所有物ではなく、共同体全体で管理するものだったのだ。このような共有地は、イギリスでは、「コモンズ」や「コモン」と呼ばれていた。人々は、こうした「コモン」において、果実、薪、魚、野鳥、きのこなど生活に必要なものをみんなでシェアするような形で採取していた。

ところが、そのような「コモン」の存在は、資本主義社会とは相いれない。みんなが生活に必要なものを自力で（しかも無料で）調達していたら、市場の商品は全く売れない。だからこそ、囲い込みによって「コモン」は徹底的に解体され、排他的な私的所有物に転換されなければならなかったのである。

暴力的な囲い込みによって、住まいと生産手段を失った農民たちは、都市に仕事を求めて流れ込む。そうした人々が、資本家にとっての格好の労働力として賃労働者になったとされる。いわば、「囲い込み」が資本主義の離陸を準備したのである。

斎藤さんによる鋭い「概念創造」だと思うのが、ここから先の展開だ。マルクスが歴史上一度だけ起こると書いた「本源的蓄積」が、資本主義社会では、あらゆる時代と場所で繰り返し現れると斎藤さんはいうのである。

たとえば、飲料メーカーが、ミネラル豊富な水が湧く地域一帯を買い占め、汲み上げた水をペットボトルに詰めて「商品」として売ってしまうと、人々が無料で共同利用していた水汲み場は立ち入り禁止となり、水が欲しければスーパーやコンビニで買わなければならなくなる。これが身近なところで起こる「コモンの解体」である。そして、これはほんの一例にすぎない。図書館の民営化、水道の民営化、電力の民営化、住宅の民泊化、公立病院の統廃合などは、急速に進められると料金の高騰を招き、暮らしや命に直結する大切な資源や知的リソースに、人々が気軽にアクセスできなくなるのだ。貧しい人は、本来共有財産であるはずのものから締め出されてしまい、命の危険にさらされてしまう。そう、マスクやアルコール消毒液も全く同じだといえる。いずれも資本による「コモンの解体」と呼べるものであり、社会から豊かさを失わせる忌忌《ゆゆ》しい事態なのである。

斎藤さんは、これら「コモン」の重要性と、「コモン」を市民の手に取り戻すためのヒントを「資本論」が教えてくれるという。これが斎藤さんの解説の核の一つだ。

斎藤さんが語っていた「コモン」という言葉が頭の中で何度も鳴り響いていた。そう、「コモン」という「概念」の力に揺さぶられていたのだ。この概念をきちんとおさえれば、新型コロナ禍で起こっていたマスク不足、医療資源不足といった深刻な問題とその解決法が見えてくるはずだ……ここはじっくり理論武装をして、長期戦の構えで企画を通していこうと、当時、ひそかに決意をした。

「コモン」という概念が照らす未来

実は、この後のパンデミック長期化が企画の帰《き》趨《すう》を大きく左右した。新型コロナウィルスが猛威をふるう中、「100分de名著」でも、カミュ「ペスト」を再放送したり、デフォーの「ペストの記憶」を急遽取り上げることにしたりと、パンデミック自体にどう向き合っていったらよいかを名著を通して伝えるということをリアルタイムで進めていた。その一方で、「次は、コロナの長期化の影響によって噴出してくる経済問題や格差問題だ」と直観的に思っていた。企画書の提出は、テキストの準備もあって、およそ八か月前には行わなければならない。ターゲットは、年末から新年にかけてと決めて、企画書を通すための理論武装の仕上げを行っていった。

偉そうに書いているが、企画の基本案は、膨大な「資本論」の記述をどうまとめるかについて、私が頭を悩ませている間に、斎藤さんがあっという間にたたき台を作成してくれた。もちろんそれをベースに手を入れさせてはもらったが、講師が、プロデューサーが何もいわない間に企画の素案を考えてくるなんて通常はないことなので、本当に助けられた。なにしろ「資本論」は読むだけでいっぱいいっぱいいっぱいになってしまう本だから。

斎藤さんによる最初の企画案は、「気候変動」「環境問題」をかなり意識したもので、これはこれでとても魅力的な案だったのだが、実はその当時彼が執筆中だった新刊「人新世の『資本論』」と論点がかぶってしまうので、もう少し原典の「資本論」に寄せる形にできないかと、私が無茶ぶりした。ところが、斎藤さんは、そんな無茶ぶりに対して、見事な回答を寄せてくれた。「長時間労働や過労死の問題」「構想と実行が分離することで労働が貧しくなっていく、ブルシット・ジョブ（クソどうでもいい仕事）の問題」という現代社会に直結する視点を用意してくれた。おそらく、ちょうど新刊の準備が重なり、お仕事も多忙を極めた時期だったろうに、その誠実な仕事ぶりには、本当に感銘を受けた。

斎藤さんの斬新な視点のおかげで企画は無事採択された。「資本論」は一度番組化しているので通すのは困難かと内心びくびくだったのだが、案ずるより産むが易《やす》し。結果は、「今の時代と切り結ぶ」という視点が評価され、驚くほどスムーズに受け入れられた。

その後も凄かった。斎藤さんの新刊も、番組放送に合わせて、うなぎのぼりに部数を伸ばしていった。これほどまでに、マルクスの理論が世に広がっていった例はそうそうないだろう。そして、私が出会った当初は巷では無名に近かった「斎藤幸平」という名前も、新たな時代を担う知的なリーダーの一人として世に躍り出ていった。私は一人の知的スターの誕生を間近で目撃する稀有《けう》な体験をさせていただいたのだった。

斎藤さんの解説をじっくり味わった後で思う。水、食料、エネルギー、住居、知識など、人類にとっての共有財産「コモン」を、暴走し続ける資本主義は、ことごとく「商品化」して単なる利潤追求の手段にしてしまった。この流れを逆にして、市民の手に取り戻し、「コモン」の領域を再び拡大していくこと。番組では、バルセロナの市民政党によるコモン再生の事例を紹介したが、今、世界のさまざまな都市や地域で、こうした運動が始まっている。真に豊かな社会を創っていくには、そして、今最も深刻な問題「気候変動」にブレーキをかけるためには、その方法をベースにするしかないと心から思う。

それは、実は、私たちが今、属している家族、地域社会、団体、会社など、さまざまな共同体の中で少しずつでも自覚的に始められることだ。もちろん今のままでもできるし、もしも今所属している共同体や会社で難しいのであれば、自分たちで創ってみることもできるだろう。優秀なＩＴ技術者やエンジニアたちが利益優先の会社を飛び出て「コモン」を拡大していけるような「ワーカーズ・コープ」を立ち上げてみる。今の状態では理想が実現できないと考えた官僚や検察官などが官庁を辞め、本当の「公」のために、市民たちの「コモン」を守れるような法律事務所やＮＰＯを立ち上げる……いろいろな形が考えられる。そう、「コモン」という概念の力が私たちの未来を照らしてくれるのだ。

　その一歩を視聴者の皆さんも始めてほしい。番組を作りながら本気でそう思った。私も始めている。単に理解するだけではなく、一歩踏み出して実践していくこと。それこそが「資本論」の大きなメッセージの一つなのだから。

　そろそろ最初の話に戻ろう。ドゥルーズによる哲学の定義「概念を創造すること」。それを斎藤さんの論によって、ありありと体験したというのはどういうことか。私が斎藤さんの解説の中で最も心を揺さぶられたのは、先述した「コモン」という概念を見事に再生してくれたことだ。「コモン」という概念は、実は哲学の中ではそれなりの系譜があるのだが、これほどまでに豊かに、そして新鮮に、更には現実に鋭く迫るように再生してくれたのが、斎藤さんの最大の貢献だと思う。この概念は、私たちに多くのものをクリアに見せてくれる「レンズ」の役割を果たしてくれた。それは、斎藤さんによる概念の「再創造」といえるだろう。

名著は、概念の力によって、これまで見えなかった問題やその解決方法を鮮やかに見せてくれることがある。私は、この番組で、そんな「概念の力」を名著から引き出していきたいと、いつも考え続けている。

第二章 名著を人生と接続する

多様性へ開かれた豊かな人生へ

モンゴメリ「赤毛のアン」

2018年10月放送

少女だけが読むのはもったいない

「予知」という言葉は、文字通り、未来を先取りしてあらかじめ知るということだ。つまり、数十年、数百年、あるいは千年も昔の古典の名著たちが、今現在を生きている私たちの社会の問題や時代との向き合い方を照らし出してくれる……今も、そのことを噛みしめながら番組制作を進めているところだ。

この「予知能力」という言葉から、更に連想が膨らんでいく。社会の問題、時代の問題だけでなく、名著は私たちの人生そのものの未来を照らし出してくれることが往々にしてあるのではないか。たとえば、二度と再び立ち上がれないような深い挫折感に打ちのめされたとき、あるいは、立ちはだかる困難の壁に直面し身動きができなくなったとき、名著から一条の光が差し込んできた経験を、あなたももったことがあるのではないだろうか？

第一章で書いてきたような、社会や時代にダイレクトに向き合う問題提起の書だけが名著ではない。人生の未来を照らし出してくれる名著の力。それも「予知能力」と呼んでもよいのではないだろうか？　そんな一冊として、モンゴメリ「赤毛のアン」という名著のエピソードを紹介したい。

私と「赤毛のアン」の出会いは非常に遅くて、三十代半ば頃。知り合いの女性から「私という人間を深く知りたいのだったらまずこの本を読んでみて」とすすめられたのがきっかけだった。世間一般ではどちらかというと少女向けの作品というイメージだったので、一度も手にすることのなかった小説だ。性別的にも、年齢的にも読むのは不適格なのではないかと半ばためらいながら読み始めたのだが、止まらなくなるほどの面白さで、どうしてもっと早く読まなかったのだろうと後悔した。初読時の印象も交えて、あらすじを振り返ってみよう。

舞台はカナダのプリンス・エドワード島。グリン・ゲイブルスと呼ばれる小さな家に暮らす初老の兄妹マシュウとマリラは、農場を手伝ってもらおうと孤児院から男の子を迎えようとする。しかし、やってきたのは十一歳の赤毛の女の子アン・シャーリー。当てがはずれたマシュウだが、想像力の翼を広げ周囲に明るさをふりまくアンにたちまち魅了される。アンを預かることに強く反対していたマリラもやがてアンの魅力に心をほどいていった。アンの登場で島の人々の生活は一変。彼女の想像力と天性の明るさによって人々は次第に感化され、忘れかけていた若々しい気持ちや暮らしを取り戻す。そして、アン自身もさまざまな出会いの中で大きく成長していくというストーリーだ。

とりわけ、私が惹かれたのは、物語の登場人物たち誰もがどこかしら欠点をもっているところ。そして、作者モンゴメリの描き方が、そんな欠点に対して、とても優しいというところだった。私自身も欠点やコンプレックスの多い人間だったので、「赤毛のアン」という作品が、長所と短所が実は裏腹であることや、登場人物たちがそれぞれの違いや限界を認め合い尊敬し合う生き方などを、さりげなく描いているところがとても印象的で、励まされるような気持ちになったのをよく覚えている。

実は、その当時ある地方放送局に在籍していた。私が転勤してくる前に、何か大きな問題が起こったらしく、職場全体が意見の違いで真っ二つに分断されている異常事態だった。どちらかというと「調整型人間」の私は、深い事情もわからないこともあって、両者が融和できるようにひたすら調整役として奔走し続けた。その結果、「おまえはどちらの味方なんだ」と両側から突き上げられることも多々あった。自分自身の立ち位置にも相当悩んだ。

そんなときだったから、「赤毛のアン」が深くしみた。とりわけ、孤児だったアンを引き取ったマシュウ・クスバートという、いささか地味な男の存在に出会い、架空の人物にもかかわらず、心の底から救われた。

つらかった三十代の支え

特に揺さぶられたのは、今読み返しても一番好きなこんなエピソード。びっくりするくらいシャイで、特に女性とはまともにコミュニケーションがとれないマシュウが、誰よりも深くアンのことを見つめていた。アンが他の女の子と何かが違うという違和感に気づいたのだ。流行のパフスリーブ（肩先にギャザーやタックを入れて、ふんわり丸く膨らませた袖）の服をアンだけが着ていなかった。マシュウは、自らのシャイさと必死で格闘しながらも、なんとかパフスリーブの服を手に入れ、アンにプレゼントする。アンは、欲しかったパフスリーブの服が手に入ったことよりも、シャイなマシュウがそこまで努力してくれたことに感動するのだ。

効率や速度だけが重視される現代社会にあっては、マシュウという存在はコミュニケーション能力のない、とろい人間と切り捨てられてしまいがちかもしれない。だけど、愛する人をしっかりと見つめることができ、その人にとって一番大切なものを見出していくマシュウの能力は、効率や速度では測れない、マシュウ自身の人格や個性から生まれてきたものだと思う。長所と短所は裏表なのだ。

また、マシュウが初老ともいえるような年齢だということも重要だ。人間は何歳になっても、生き方を変えたり、自分とは全く異なる個性をまるごと受け入れるような度量の大きさをもったりすることができるのだという可能性を、マシュウの中にはっきりと見つけた。

モンゴメリの視線は、こんな風に、年齢や性別を超えて、あらゆる登場人物の個性や価値観、考え方の違いを、誰が正しいとか、誰が優れているとか決めつけることなく、ありのままに受け止めて、それぞれを愛しむように描いている。これこそ現代人が最も忘れがちであり、取り戻さなければならない姿勢ではないだろうか？

三十代半ばの中間管理職のおじさんが、架空の人物にここまで影響を受けるのかと驚かれるかもしれないが、私は、「赤毛のアン」を読んで、「これからはマシュウで行こう」と心に決めた。自分の欠点は欠点として認めよう。そして、誰よりも周囲の人たちの個性を見つけて向き合おう、たとえそれが欠点に見えたとしても。そう、深く決意して仕事を続けた。

そのことが周囲にどれだけ影響を与えたかはわからない。だが、時にバカにされ、優柔不断だと周囲から集中砲火を受けてきた私だったが、転勤間近には、慕ってくれる大勢の後輩たちや、大きな仕事を信頼して任せてくれる上司も現れた。人生で最も困難だった一時期に、「赤毛のアン」が自分を支えてくれたという深い実感だけは残っている。

三十代のおじさんが読んでもこんなにも影響を受けることができるし、その後、プロデューサーになった五十代で読み返してもいろいろな発見がある……ただ、世間では、まだまだ「赤毛のアン」は、少女向けの作品というイメージが強すぎて、男性や高齢者が手にとる機会は極めて少ないのではないか。しかし、それではあまりにももったいなさすぎる。そんな思いをもち続けて、「もし番組でやるならば、男性の講師で」と、適任者を探し続けていた。三十代で最も行き詰まっていた自分を支えてくれたこの作品を、どうしても多くの視聴者に届けたいという思いからだった。

講師は小学生時代から愛読する脳科学者

そんなときに出会ったのが、茂木健一郎さんが書いた『『赤毛のアン』が教えてくれた大切なこと』という一冊の本。まさか脳科学者の茂木さんが「赤毛のアン」のファンなの？　という驚きもあったのだが、茂木さんが小学校五年生以来の愛読者であることや、文章からにじみ出る彼自身が受けた影響の大きさを物語るような「熱量」、そして何よりも男の子にも読んでほしいという強い思いなどをこの本から知ることができ、茂木さんこそ、講師役にぴったりだと確信したのだった。

期待通り、いや期待を上回る情熱的な解説に、収録時から心を揺さぶられ続けた。茂木さんが講師であることを意外に思われた人も多いかもしれないが、ご覧になればきっと男性でも高齢者でも「赤毛のアン」を読んでみたい……という気持ちにさせられるのではないだろうか？

「相手のことをきちんと知ろうともせずに、自分に都合のよいレッテルを貼りつけて、つるし上げる」「マイノリティの人たちの生き方や価値観を一切認めようとしない」「少しでも違う意見の人を敵とみなして徹底的に排除しようとする」「本来は非常に複雑でグラデーションでしか表現できない現実を、敵か味方かの二色で塗りつぶしてしまう」……ネットの世界の炎上とか、現実社会での排外的な風潮などを見るにつけ、モンゴメリが描こうとした豊かな世界とは正反対のことが、あまりにも横行しているのではないかと危惧する日々が今も続く。

「赤毛のアン」から、私たちは、異なる価値観や個性を認め合い、尊重し合っていくためには何が必要かを学んでいかなければならない。「赤毛のアン」は、私たちの行く先を照らし、多様性へ開かれた豊かな人生、豊かな社会へと導いてくれる教科書としても読める本なのだ。

「幸福論」として名著を読む

「河合隼雄スペシャル」

２０１８年７月放送

講師選びの二つの基準

個人的な話になるが、河合隼雄の著作は、私の人生のパートナーともいうべき存在だった。とりわけ壁にぶつかったり、困難に直面したりしたときに読み返し、そのたびに打開のヒントを与えてくれる存在。残念ながら最近紛失してしまったが、私の手元にはずっと「河合隼雄語録」とでもいうべき重要な言葉の抜き書きがあり、厳しい局面に立たされたときに読み返しては、さまざまな示唆をもらってきた。河合隼雄は、直接お会いすることはできなかったが、いわば私の恩人であるといってよい。

今、世の中は、いろいろな意味で曲がり角にきており、「心の問題」が原因の一つになるような、事件や社会問題が噴出している。２０１６年７月に起こった「相模原障害者施設殺傷事件」に衝撃を受け、人間の心を奥深いレベルから考え直してみたいという衝動に駆られた私は、この事件の直後から、以前から愛読していた河合隼雄の著作を徹底的に読み直す作業を始めた。

人間の心に潜む「闇」については、そう簡単には正解は得られない。ただ再読の中で、数多くの「宿題」をいただいた気持ちになった。彼の名著には、私たちの人生の未来を照らす力が確かにある。河合隼雄はごく最近まで活躍していた人ではあるが、彼の名著を番組で取り上げる意義は深いのではないかと思いいたり、企画化を進めることにしたのである。

ただ、講師に誰を選ぶかが最大の問題だった。私が番組の講師を選ぶ際に大きな基準としていることが二つある。まずはその名著を愛し、深く読み込んでいること。でも実はそれだけでは解説は難しい。その名著を深く愛しながらも、距離をとって客観的な視点で読み解くことができる……これも大事なもう一つの基準だ。愛しているだけでは、その名著への愛情告白だけに終わってしまうおそれがある。しかし、距離をもちすぎてしまうと、ドライな解説に終始して、逆にその名著の生き生きとした魅力が伝わらなくなる。この絶妙なバランスが非常に難しいのだ。当の河合隼雄自身がいっている。カウンセリングの極意は「温かく突き放し、冷たく抱き寄せる」ことだ……と。名著の解説者の資質にも同じことがいえるのだ。

まず最初に、巨人ともいえる河合隼雄の業績を解説するには一冊では足りないので、「ユング心理学入門」「昔話と日本人の心」「神話と日本人の心」「ユング心理学と仏教」の四冊を取り上げる「河合隼雄スペシャル」という企画にすることにした。その上で、講師候補として五人ほどの人たちとお会いしてお話を聞いてみた。哲学者、人類学者、宗教学者、批評家……。

いずれも生前、河合隼雄と交流のある方々で、対談などもされ、ご本人のお人柄もよくご存じの方々だ。しかし、不思議にも「河合さんの本は大好きなんだけど、ご本人と距離が近すぎて、たぶんうまく語れない」と多くの方々がおっしゃるのだ。研究ジャンルは全く異なるので、個人的には、「この人だったら、客観的に語れるのでは」と思ってオファーしたのに、とても意外だった。

そして、これも不思議なのだが、「河合俊雄さんがいいんじゃないかな」という助言をしてくれる人がとても多い。もちろん、河合隼雄の長男でもあり、彼のさまざまな著作を編纂もされている俊雄さんのお名前は、私の中でも当初念頭にあったのだが、「肉親だから、距離が近すぎて語るのが難しいのではないか」という思いが強く、あえてお会いするのを避けていたのだった。

一番近い肉親に講師をお願いする

多くの人が「距離が近すぎて語れない」という河合隼雄を、一番距離が近い肉親の河合俊雄さんが果たして客観的に語ることができるのか。そんな思いを抱きつつ、多くの人たちの助言に従って、一度お会いすることにした。実際にお話ししてみて、懸念が払拭された。河合俊雄さんは、ご自身と父親との「距離」が近すぎるからこそ、逆にきちんと「精神的距離」をとろうと自覚的に取り組まれていることが強く伝わってきたのだ。

もちろん語りにくいところも多々あったかと思う。肉親としての思いがあふれてくるような瞬間もあった。河合隼雄の死の直前の言葉に触れたときだ。ただ、あくまで冷静に、そしてできるだけ客観的に、視聴者にきちんとつながるような解説を、悩みながら真摯に模索する姿勢は、常に一貫していた。やはり河合俊雄さんにお願いしてよかったと、収録を終えた瞬間にしみじみと噛みしめたものだ。

河合俊雄さんにお聞きしたことをもとに、河合隼雄の業績をざっと振り返っておこう。

河合隼雄はもともと高校教師のかたわら大学院で心理学の勉強を続けていた。自分が教えている高校生たちの心の問題に向き合おうと思ったからだ。だが求めていたものは日本の大学になく、自分が本当に学びたい「臨床心理学」を学ぶためには海外に行かなければならないと考えて留学した河合は、やがてユング心理学と運命的な出会いをする。帰国後、人々の悩みに寄り添い、個人の物語に耳を澄まし続けた「こころの医師」河合は、私たちが見過ごしがちな「心の問題」「人間の本質」を、単なる学術的な方法を超えて、瑞々しい言葉で縦横に論じてきた。「心の問題」を解決に導くには、相手を客観的に「観察」するのではなく、その問題に主体的に関わり、その人の心に起きている現象を共に生き「経験」する必要があるという。それは、自然科学のように「いかに」を説明するのではなく、「なぜ」という問いを共にたどり、その人を揺り動かしている情動をおさめ、心のバランスを取り戻していく過程を共に歩んでいく長い道のりだという。そうした基本姿勢に立ち、ユング心理学や箱庭療法を通して、日本に臨床心理学というものを定着させた、いわば草分けというべき存在なのだ。

番組制作を通して、俊雄さんと一緒に長期間、河合隼雄の著作と向き合い続けた私は、あらためて大きな発見をした。河合隼雄の素晴らしさは臨床心理学者としての専門性にだけあるのではない。河合の著作は、一つの「幸福論」としても読むことができるのだ。この発見によって、河合の著作が、私の人生にぐっと「接続」したような思いがした。私がこれまで困難にぶつかるたびに、無意識にやってきた読み方はこういうことではなかったか。

河合の文章は、一見、心理療法家向けに書かれているような少し専門的な著作でさえ、私たちの日常の人間関係や心との向き合い方に貴重な示唆を与えてくれるのだ。そして、その言葉の数々は、私たち一人ひとりがどうしたら「幸福」へ近づくことができるかというテーマにつながっている。俊雄さんにもせっかく解説いただきながら、時間の関係でどうしても最終回に入れることができなかった一つのエピソードをここで紹介し、河合隼雄の「幸福論」というものを考えてみたいと思う。

「ユング心理学と仏教」という著作の最後のほうに、一つの箱庭療法の事例が紹介されている。赤面恐怖症でひきこもってしまった二十歳近くの青年が作った箱庭だ。砂に埋もれ顔だけ出した少年が箱庭の中心にいる。赤面恐怖を表すかのように顔を火で炙られている。更にその少年の周囲を、恐ろしい怪獣たちが取り囲んでいる。まさに彼が置かれている現状が如実に表現されているのだ。

ただ、怪物たちの背後には、垣根を境にして花壇や女性が置かれていて、楽しい世界が広がっている。話を続ける中で、その男性は、二人の人物をその二つの世界の境界近くに置いた。河合隼雄は、それを治療者の自分とクライエントであるその男性だと考えた。そこで、「一緒にこの楽しい世界に入っていけるように努力しよう」と励まし、治療を続けたという。かなり長い時間はかかったが、その男性は少しずつ治癒していった。

素晴らしい事例だと思い、研究発表でたびたびこの箱庭の解説をしていた河合だったが、あるとき全く違う考えが浮かんできた。中心にいたのはその男性だけではない。この箱庭は、ユング心理学的な視点からいうと、主客分離以前の世界なのだから、治療者である自分も一緒にその中心にいたのだ、と思い直したのだ。そして、同時に、この外側に置かれている楽しい世界は、むしろ、もう一方の苦しさや悲しさに満ちている中心部分によって支えられているのだと、直観したという。

河合は、「治す方」「治される方」といった区別にとらわれてしまい、このことに気づくことができなかった。だから治療が長引いてしまったのだと反省するのだ。実は、治療者の本来の役割は、この中心に、共に位置を占めることではないか。クライエントと分離しがたいほど深いレベルにおいて、苦しみと悲しみの中に身を置いていると、自然に日常の世界が開けてくるのではないか。そのような結論に至る河合隼雄のとらえ方に、私は深く心を揺さぶられた。

人間の幸福を支える「深い悲しみ」

　河合隼雄は、「しあわせ眼鏡」（現在は「河合隼雄の幸福論」という名前で復刊）という別の連作エッセイの中で、晩年に体験したフルート修業の中で学んだ例を引きながら、治療の現場で体験したこの深い直観を、「幸福論」として敷衍《ふえん》している。フルートは単音しか鳴らないけれど、鳴らすときに常に、実際には鳴っていないその音の和音を意識していなければ決していい音色にならない。また高い音色を出すときには、それにひっぱられるように体の重心が上に上がってしまってはだめで、むしろ体の重心はお腹の下のほうへ下がっていき、その高い音を支えるようでなければならない。そのように先生に指導されたという。

　フルートのよい音色が「音のない音」に支えられているように、人間の幸福が深い厚みをもつためには、その裏側で「深い悲しみ」によって支えられていなければならない。でなければ、その幸福は浅薄になってしまうというのである。ここには、河合隼雄が長年にわたって続けた洞察の一つの結論がある。それは、私たちが幸福を考える上で決して忘れてはならない「理《ことわり》」

だと、私は心に刻んでいる。

名著には、一見専門書と思えるようなものでも、自分自身の人生と接続するような「フック」が必ずある。そして、そのフックによって名著が人生と接続されるとき、何かが変わり始める。それがこの九年間、番組プロデューサーとして名著に向き合い続けての深い実感だ。私にとって、河合隼雄の著作とつながるためのフックは、ある赤面恐怖症の青年の事例だった。そうしたフックの存在を提示できるような番組作りを今後も続けていきたい。

最後に、河合の幸福論が凝縮したその一文を引用して、この節を終わろうと思う。

> 幸福ということが、どれほど素晴らしく、あるいは輝かしく見えるとしてもそれが深い悲しみによって支えられていない限り、浮ついたものでしかない、ということを強調したい。恐らく大切なのはそんな悲しみのほうなのであろう。

（「河合隼雄の幸福論」河合隼雄著、ＰＨＰ研究所）

「現実」と「観念」の乖離がもたらすもの

三島由紀夫「金閣寺」

2021年5月放送

きっかけは陰謀論の蔓延

「名著を人生と接続する」ことで、名著が人生の行く末を照らし出してくれることがある、それこそが名著のもつ力の一つである……そんなことを前節まで書いてきた。だが皆さんはこう思うだろう、「どうやったら名著を人生と接続することができるのだろう」「そもそも名著を人生と接続するってどういうこと？」と……。そこで、この節では、自分自身の大きな挫折体験を通して、そのヒントになるようなエピソードを書いてみたい。

「金閣寺」を取り上げようと最初に思ったきっかけは、折々に感じてきた「現実」と「観念」の乖離《かいり》だった。「Ｑアノン」や「ワクチン陰謀論」に代表される数々の陰謀論の蔓延……それは、厳しい格差社会の底辺での苦しみ、未来が全く見えないとてつもない不安感の中で、全てのことをすっきりと矛盾なく説明してくれるような強力な枠組みが、弱り切った心にしみ込んでいき、やがてその枠組みがその人の全てを支配してしまう現象ではないか。三島由紀夫が

「金閣寺」という作品の中で、「観念」という言葉で表現している事態と重なりあうように思えたのである。

驚いたのは、「陰謀論」がトランプ政権下のアメリカだけでなく、日本でも、いやそれだけではなく、ごくごく身近なところにも蔓延しているところだ。荒唐無稽ともいえる陰謀論なのだが、どこか人間の本能を惹きつけるものがあるのだろうか？　到底常識では信じがたいような言説をまるごと信じ込み、周囲に拡散している人がびっくりするくらいに多い。いわば、「現実」から乖離して形成された「観念」が限りなく暴走し、多くの大衆を巻き込んで、突き動かし続けているといっていい。

とにかく「金閣寺」を読み直してみようと思った。高校時代に耽読し、その後も、ことあるごとに読み続けてきた「金閣寺」。この作品の中に、独特な形で「現実」と「観念」の乖離が見事に描かれていることに気づいた。作品の中では「現実の金閣」と「心象の金閣」の乖離として表現されている。小さい頃から繰り返し「金閣寺ほど美しいものはこの地上にはない」と言い聞かされ続けた主人公・溝口は、父に植え付けられた「心象の金閣」がどんどん大きく美しくなり、金閣寺だけが心の支えのような人間になっていく。

「心象の○○」（つまり私たちを酔わせる魅惑的な陰謀論など）の肥大化、そして、その暴走、現実からの限りない乖離……。これこそが今、私たちを取り巻く現実の中で起こっていることではないか。この気づきが、私の心を貫いた。これは、人間誰にでも起こりうる分裂ではないか。人間が言葉を使う動物である以上、程度の大小はあれ、必ずはまり込んでしまう普遍的な問題だ。そんなことを再読しながら思ったのだ。

三島由紀夫にとっての「敗戦」の意味

「金閣寺」を番組で取り上げることで、今、私たちが置かれている状況を鋭く見つめ直すことができるのではないか。そんな思いから数多くの「金閣寺」論を読み込んだ。そんな中でひときわ眩《まばゆ》い光を放っていたのが、「モノローグ」というエッセイ集の冒頭で、小説家・平野啓一郎さんが展開していた「『金閣寺』論」だったのだ。

この論考は、まさに私が考え続けていた「現実」と「観念」の乖離を一つの軸として、極めて怜悧《れいり》に「金閣寺」という作品を解剖してみせてくれた。「怜悧に」と書いたが、そこには独特の「熱さ」も併存していた。それは、平野さんにとって、この作品を読んだことが文学の世界に入るきっかけだったという背景もあるが、更にいえば、単なる分析に終わらない、三島自身の内面に迫る「創造的な批評」になっているところが、その「熱さ」の秘密ではないかと思う。

このバランスで解説してもらえたら、現代人にとって「金閣寺」がいかに重要な作品かを思い起こさせてもらえるのではないか。そして、この「『金閣寺』論」よりも、更にディープに、かつ一般の人も近づきやすいようなスタイルで、伝えてもらえるのではないかと直観した。その目論見は、平野さんのおかげで、想像以上の形で番組の中で達成されたと思う。平野さんの解説ポイントを交えて「金閣寺」という作品を少し振り返ってみよう。

舞台は戦前から終戦直後の京都府。成生岬《なりう》にある貧しい僧侶の家で生まれた溝口は、幼い頃から吃音《きつおん》に悩まされる感受性の強い少年。先にも書いたように、父親から「金閣寺ほど美しいものはこの地上にはない」と聞かされ続け、美しい景色を見ては金閣寺への憧憬をつのらせて、金閣寺がいつしか自らの劣等感を忘れさせてくれる存在になる。やがて金閣寺の徒弟となり得度した溝口は、戦争の中で金閣寺とともに滅んでいくことを夢見るようになった。

しかし敗戦が、溝口と金閣寺の関係を決定的に変えてしまう。戦時中は「滅びゆくもの」として自分と同じ側にあったと思われた金閣寺は、自分からかけ離れた絶対的な存在となり溝口の人生を支配し始める。師である住職との関係、柏木ら友人たちからの影響、女性との遍歴の中で深い挫折感を味わった溝口は、ついに金閣寺を憎むようになり、「金閣寺を焼かなければならぬ」と決意するに至る。果たして、金閣寺放火に至った彼の心境の裏には何があったのか？

平野さんの解説によれば、この小説には「心象の金閣」と「現実の金閣」に引き裂かれながらも、その一致を求め続けた主人公の苦悩を通して、現実と理想、認識と行為などに引き裂かれて生きざるを得ない私たち人間が直面する問題が描かれているという。主人公・溝口は、「金閣寺を焼く」という行為を通して、自分の人生を支配してやまない「肥大化した観念」の元凶、金閣寺をうち滅ぼすことで、本当の意味での自由を得ようとしたのではないか、とも解釈できる。

平野さんの解説が秀逸だったのは、「金閣寺」には、三島由紀夫の戦後体験が色濃く反映しているという指摘だ。戦前戦中の教育によって、三島は、天皇は絶対的な存在であり、国のために自らの命を捧げることが真実の生き方だという思想に、身も心も染め抜かれていた。だが終戦が全てを変える。天皇は「人間宣言」し、戦前戦中的価値観は全否定、民主主義の世の中へと激変したのだ。

三島は、必死で戦後の世界に適応しようとするが、若き日に染め抜かれた思想からはそう簡単に脱却できない（というか、それは自らの血肉の一部とさえなっているものだ）。戦前戦中の価値観、天皇を中心とする絶対的なものが、忽然と目の前に立ちはだかり、どうしても戦後という平板で退屈な世界にはなじめないという苦悩にさいなまれたのではないだろうか。「金閣寺」は、いわば、物語の中でそうした矛盾にけりをつけ、戦後を新たに生き直す覚悟を込めて書いた作品とも読めるのだ。そんな視点で読むと、主人公・溝口は、三島の分身とも見えてくる。

組織が「金閣寺」だった

平野さんの解説を、こんな小さなサイズの話に切りつめてしまっていいのかという迷いはあるが、平野さんの解説のおかげでくっきりと像を結んできた、私自身がずっと考え続けてきた「金閣寺」の読み方について書いてみようと思う。

私自身、溝口という、普通だったらなかなか共感できないような主人公の思いが、胸に迫ってきた時期があった。２００４年、ＮＨＫのプロデューサーが巨額の番組制作費を着服していたという事件が週刊誌で報道されたときのことだ。受信料支払い拒否など、世間の批判も大きかったが、私自身も大きな衝撃を受け、自分が所属する組織に対して途方もない幻滅を感じた。実は、私自身大きな理想をもってこの組織に入ってきた経緯から、この組織の素晴らしい側面のみに心を奪われて、さまざまな判断基準の全てが「個」ではなく「組織」のみだったという若き時代がある。私は、世でいうところの「会社人間」だった。いわば私にとって組織は「金閣寺」だったのである。

もちろん、溝口のように「焼かなければならない」とまではならなかったが、理想が大きかっただけに幻滅も大きく、仕事をする意味を失いかけたのだ。そのまま、突き抜けてしまえば、私は、もしかしたら溝口のように「組織を辞める」といった激しい行為に走っていたかもしれない。

当時再読する中で、「金閣寺」登場人物の溝口と柏木の間で「世界を変えるのは認識か、行為か」という議論がなされるシーンが特に印象的だった。「認識」こそが世界を変えるという柏木。彼は自らの足が不自由だという現実を逆手にとって「女性たちの憐憫《れんびん》を誘えば、かえってこれが武器になる」と認識を変えることで、女性を虜《とりこ》にし、享楽的な生活を送っている。それに対して、溝口は、柏木の生き方をよしとせず、最終的に「世界を変えうるのは行為だけだ」という結論に至り、金閣寺を焼くという行為に走ることになる。これは、最初に述べた「現実」と「観念」の乖離を乗り越える一つの方法だったのだろう。それは、戦前と戦後の価値観にその身を引き裂かれた三島由紀夫が、作品を通して矛盾を乗り越えようとしたラストシーンだと読むこともできる。三島の人生を通して見つめ直し、深く読み込めば読み込むほど、彼が一身を賭けて書き残したこの作品は、自分自身に訴えかけてきた。

この組織を辞めるという「行為」によって「会社人間」になってしまった自分をリセットするか、あるいは、組織に新しい価値を見出すという「認識の変化」によって、組織の中で生き直すことを考えるのか。ぎりぎりのせめぎあいの中で思索していたとき、ある出来事が起こった。

ある被爆者に取材交渉をしていたときのことだ。被爆者への差別もまだ根強く残っている中だったので、「取材したことやインタビューを放送しても大丈夫か」ということを念押しで確認した。断られても仕方がないとも思っていた。ところが、その人は、「平和のためになるんだったら、むしろお願いして出させてもらいたいくらいです。原爆投下のような悲劇は二度と繰り返されてはなりませんから」と、力強く応えてくれたのである。

私は、このとき心の底から思った。「組織の論理ではなく、彼女のような人たちのために番組を作ろう」と……。「組織のほうではなく、視聴者のほうを向いて仕事をする」という大きな価値観の軸を深く意識することができるようになったのだ。この経験は、私をとても自由にしてくれた。いわば、「認識」を変え、その上で「行為」をよい方向に変えることができた。溝口とは全く異なる答えを得たといってよい。私はこのことで、「金閣寺」の作中に書かれた「認識」と「行為」の対立に対して、一つの解決を見出すことができたのだった。

私自身は、番組を終え、あらためて「認識」と「行為」は、二項対立するものではなく、深く絡み合ったものではないかと思えた。溝口の心の葛藤の軌跡を深く追うことで、「いや、自分は、溝口のように極論に走らずとも、認識を変え、そのことで行為すらよい方向へ変えられる」と考えることができたのである。これも、数多くある読み方の中の一つにすぎないと思う。だが、「金閣寺」は、こんなにも、自分の人生について深く問うてくる存在なのだ。

作者が作品の中で発した問いを受け止め、自分自身が生きる人生の中の切実な問いと重ね合わせてみる……それが「名著を人生と接続する」第一歩だと思う。そうすることで、名著がぐっと自分自身に近づいてくる。名著が生涯のパートナーとなる。そういう読み方ができるヒントを番組ににじませることができたら……そんな思いを胸に、今日も番組収録に向かっている。

安部公房から受け取ったサバイバル・マニュアル

安部公房「砂の女」

2022年6月放送

コロナ禍で直面した「自由」の問題

安部公房「砂の女」の講師にヤマザキマリさんを抜擢しようと思ったきっかけは、２０２０年1月1日に放送した「１００分deナショナリズム」という特番にヤマザキさんにご出演いただいたときのこと。安部公房「方舟《はこぶね》さくら丸」の解説に痺れたことだった。

私も愛読していた「方舟さくら丸」がまさか「ナショナリズム」というテーマにつながるなんて！　安部公房の作品が現代の問題と見事に結び合わされて、新しい相貌をまとって生き生きと脳内に甦ってきた。きっと、この解説をきっかけに再読された視聴者も多かったのではないだろうか。即座に、ヤマザキマリさんに、レギュラー放送でも安部公房作品を解説いただきたいと強く思ったものだ。

それほど時を置かず、そのタイミングは訪れた。新型コロナ禍だ。コロナ禍が長期化するに従い、私たちは「自由」の問題に直面させられた。命の安全を守るためとはいえ、移動の自由を制限され、自由に人に会うこともままならない。私自身も、施設にいる父親と長期間面会することができない状況になった。なんともやりきれない気持ちになった。仕事上にも、さまざまな制限がかかる。普段享受していた「自由」のかけがえのなさを実感する日々だった。

私たちにとって「自由」って何だろう。そもそも「本当の自由」なんてものがあるのだろうか。そんなことを考え続けていたある日、「砂の女」のことがふと心に浮かんだ。それには理由があった。実は、「砂の女」、個人的に大きな救いとなるような再読体験がかつてあったのである。

それまであまり理解することができなかった主人公・仁木順平の思いが、再読時に胸に迫ってきた。再読したのは、いろいろな不祥事が起こり自分が所属する組織に対して、大きな幻滅を感じていた時期のことだ。そう、前節に書いた「金閣寺」を再読したあの当時だった。

その後も、不祥事が起こるたびに、組織内のルールや管理体制が次々に厳しくなっていく。真面目に仕事に取り組んできた人間としては、やりきれない気持ちがにじみ出ていた。もちろん不正を防止するため、説明責任を果たすため……という理由はよく理解できるのだが、「ここまで自由が制限されなくてはいけないのか」「こんなにも細かい作業を要されるのか」と日々疲弊していく自分がそこにいた。とどめは、ある手続きミスを犯したペナルティで、一年以上の期間、外部へ向けての書籍や雑誌原稿等の執筆・発表を禁じられたことだった。自分の甘さが招いたこととはいえ、文章を世に問い、社会や読者の人生に資することをライフワークの一つと考えていた私にとっては、両腕両足をもがれたような、苦しい日々だった。

この期間、「砂の女」を何度も何度も読み返した。読むたびに、仁木順平が陥っていた状況と、そのときの自分が置かれていた状況が重なるような思いがした。初読時に、もやもやしてよく理解できなかったラストシーンも、深く腑に落ちたのをよく覚えている。「ああ、そうか、自分はこう歩んでいけばいいんだ」と心の底から納得したのだった。

社会全体の自由がさまざまな形で制限されている新型コロナ禍の中にあっても、きっと同じようなヒントを視聴者の皆さんに得てもらえるに違いない……そう確信した私は、早速ヤマザキマリさんにお話をお聞きすることにした。

「砂の女」から見える戦後社会のまやかしの自由

ヤマザキさんご自身にとっても「砂の女」は特別な存在だった。イタリアでの初読体験は、極貧生活にあえぎながら人生に悩んでいた当時のヤマザキさんにとって支えだったという。コロナ禍での再読も非常に鮮烈だったそうだ。世界中を飛び回り移動を続けながら、自分の想像力・クリエイティブな能力を稼働していくことで、仕事を続けてこられたヤマザキさん。移動に厳しい制限が課せられたコロナ禍で相当苦しめられたという。そんな中、「砂の女」を読んで、今、自分が置かれている状況を俯瞰して眺めることができたそうだ。移動をせずとも、アート作品を深く味わうなどのやり方で、自らの創造力を稼働することができたと感慨深く語ってくださった。

私も、このヤマザキマリさんのお話にとても勇気づけられた。ヤマザキさん独自の視点も盛り込み、無事企画は採択。ヤマザキさんの解説内容の素晴らしさは、番組をご覧になった皆さんにはすでにおわかりかと思うが、観ていない方のために少し復習しておこう。

「砂の女」の舞台は、とある海岸に近い砂丘の穴の中に埋もれかかった一軒家。休暇を利用して新種のハンミョウを採取すべく昆虫採集に出かけた学校教師・仁木順平は、女が一人で住むこの家に一夜の宿を借りることに。ところが翌朝外界へ出るための縄梯子《なわばしご》が何者かによって取り外されていた。彼は、村人たちによって砂を掻き出す作業員として幽閉されたのだ。その後、さまざまな方法で脱出や抵抗を試みるも、ことごとく挫折。やがて彼はその環境に順応し始めるのだった。作品では、砂の穴に閉じ込められた仁木の運命の行く末までを見つめていく。

ヤマザキさんは、過酷な現実から逃れようともがく主人公の模索を通して、絶えず自由を求めながらも不自由さに陥ってしまう私たち人間の矛盾が描かれているのではないかと分析する。それだけではない。安部が戦後社会の中で苦渋をもって見つめざるを得なかった「まやかしの自由」が「砂の女」という作品に照らし出されるように見えてくるという。この作品は、私たちにとって「本当の自由とは何か」を深く見つめるための大きなヒントを与えてくれるというのだ。

「まやかしの自由」というヤマザキさんの言葉が印象的だった。私たちは自由を求めて日々もがいているが、そうすればするほど、結果的に同調圧力の餌食になり、経済の奴隷になっている。私たちは「自由」という言葉を声高に叫ぶとき、実はまやかしの中に足をとられて身動きできなくなっているのではないか……身につまされるような、だが、実に白熱したトークだった。司会の伊集院光さんからは収録直後に、「いつも以上にしゃべりまくってしまったけど、編集大丈夫？」と心配されたほどだ。私自身、「砂の女」を何度も読んできたにもかかわらず、新しい発見をたくさんさせていただいた。ヤマザキマリさんには、この場を借りて心より感謝の言葉をお伝えしたい。

とともに、このシリーズでは、俳優の町田啓太さんの朗読と、高橋昂也《こうや》さんのアニメーションも、安部公房的な世界観を深めていくのに、多大な貢献をしてくれた。町田啓太さんの起用は、担当ディレクターの推薦がきっかけだが、「荒れ果てた砂の家に閉じ込められた状況を、それとは対照的にすっとした透明感のある町田さんに読んでいただくことで、作品の底流にある不条理感、違和感が生まれるのではないか」というねらいが見事に当たった。

高橋昂也さんには、「１００分deナショナリズム」で取り上げた安部公房「方舟さくら丸」

でも素晴らしいアニメーションを制作していただいたので、安部公房作品をやるならば絶対に高橋さんにと考えて、かなり早い時期からオファーしていた。砂の質感を表現するために、鳥取砂丘まで足を運んでくれたそうで、その甲斐あって、砂が崩れていく質感やざらざらと肌にまとわりつくような質感が見事に表現されていた。全体としても「これぞ！　安部公房」というダークで不条理な世界観に仕上がった。これは他の回にもいえることだが、朗読とアニメーションは、名著の世界観を構築する上で、大きな働きをしてくれる。特に、「砂の女」の回は、その相互作用が大きく花開いたシリーズだ。

ラストをどう読むか

町田さんの朗読、高橋さんのアニメーションも相まって、ヤマザキマリさんの解説がひときわ深い感銘を与えてくれたのは、やはりラストシーンの部分だった。

もはや外界に出ることを諦めたかに見える仁木は、ある作業の虜になる。鴉《からす》をつかまえるための罠作りだ。しかし、その仕掛けは、全く予想もしない機能をもつに至る。常に水が不足する穴の底にあって蒸留水を溜める装置として使えることがわかったのだ。そのこともあってか、仁木は、女が病院に運ばれる際に縄梯子を置きっぱなしにされるという、逃亡のための最大のチャンスが訪れたにもかかわらず、なんと、そこにとどまることを選んでしまう。

この選択は何を意味するのか？　かつて執筆を禁じられていた私は、そこから次のようなメッセージを読み込んだ。「ひたすら自由という理想状態を求めてあがき続ければ続けるほど、人間は不自由に陥る。それは決して避けることはできない。だからこそ、今、自分が陥っている状況を俯瞰して見つめよ。その状況もきっちりと見極めた上で、自らの創造力のナイフを磨き上げ、研ぎ続けよ。ちっぽけに見えるかもしれないが、それこそが自らの自由の拠点となるのだ」。そんな安部公房の叫びが聞こえてきたのだ。

今、振り返ってみると、いささか楽観的な読み方かもしれない。が、当時ぎりぎりの状況に置かれていた私は、こう読むことで、強く心を揺り動かされた。いわば、「砂の女」は、私にとっては、窮地の中で闘い続けるための「サバイバル・マニュアル」だった。生きるための術《すべ》を安部公房に手渡されたように思えたのだ。

私は、這いずり回るほど苦しかったその一年、発表のあてのない原稿を執筆し続け、創造のナイフを怠りなく磨き続けた。それは決して無駄な作業ではなかった。なぜなら、そこで考え続け文章化したことが、今執筆しているこの本の各所に活かされているからだ。仁木が鴉の罠を作り出そうとする中で、期せずして溜水装置を生み出してしまったように。

ところが、ヤマザキさんの解説は、更に冷徹だった。「彼の心は、溜水装置のことを誰かに話したいという欲望で、はちきれそうだった」という言葉からもわかるように、仁木の創造行為の中にさえ「承認欲求」が紛れ込んでいるのではないか……と、鋭く分析してくれた。つまり、読みようによっては、仁木は再び「承認欲求」にとらわれ、この砂の集落にがんじがらめになってしまう……という悪夢のような顚末を迎えるかもしれないのだ。

最終的に、ヤマザキさんは、この作品には、「自由とは何か」に対する正解が書き込まれているわけではなく、人間を俯瞰的な眼からとらえた「観察日記」のようなもので、希望や絶望を読者に感じてもらうために書かれたものではないと結論づけた。この解説は、非常に納得のいくものだった。

しかし、その解説を聞いた上で、なお、私は、仁木のその後を妄想してしまう。もちろん、原作で描かれた流れそのままに、仁木は再び「承認欲求」の罠にはまりこみ、新たな不自由を体験するかもしれない。だが、彼の生み出した発明は、砂地の共同体の秩序を吹き飛ばすくらいの力をもっている。何しろ、村人たちが恫喝《どうかつ》の道具として使ってきた「水」がもはや希少性をもたなくなり、今までと価値を全く異にするものに変わってしまう可能性すらあるのだから。彼が、単に「承認欲求」を満足させることのみに、この創造行為を使っていくのではなく、世界を変える、秩序を変える、人との関係性を変える武器として使っていくのであれば、事態が一変する可能性すらあるのだ。

このラストをどう読むかは、読者に委ねられている。私自身は、もし仮に、組織や社会が悪しき方向へ進み、皆がそれに巻き込まれて、もがけばもがくほど抜けられない砂のような同調圧力に押し流されていく事態になったとしても、「個としての創造」という武器を手放さないようにしたいと、「砂の女」を読んで深く思う。作者・安部公房自身がそうであったように。彼の作品や言葉は、狭き書斎の中で紡がれながらも、国境を越えて数多くの人たちの意識を変え続け、次の創造への種となっていったのだから……。

ヤマザキマリさんの言葉を借りていえば、「まやかしの自由」を見破り、他者や世間からの同調圧力に振り回されることなく、常識にとらわれない番組を作り続けていきたい。そんな勇気を「砂の女」からもらった。優れた名著は、かくのごとく、自分自身の人生に接続していく。これが名著の力だ。安部公房からサバイバル・マニュアルを確かに手渡された私は、今後も「自由」という言葉に惑ったら、この本を読み返し続けるに違いない。

第三章 全体主義に抗して

アイヒマンは私自身だ！

アーレント「全体主義の起原」　２０１７年9月放送

「エルサレムのアイヒマン」に打ちのめされる

『怪物』や『悪魔』のような存在を予想していたアイヒマンの実像はどうだったか。アーレントは衝撃を受けます。『根源悪』をなしたはずの人間が『凶悪』の担い手とはかけ離れた、平凡な小役人としか映らなかったのです。『ガラスケースの中の幽霊みたい。風邪ひきのね。不気味とは程遠い。平凡な人よ』、『ひどい役所言葉でね』。

ハンナ・アーレントの著作を真剣に読み直してみようと思い立ったのは、雑誌「考える人」のメールマガジンに記されたこの一節に胸を撃ち抜かれたからである。私が尊敬する編集者、河野通和さんによるエッセイ。今は休刊してしまった「考える人」の名物編集長だった人だ。

２０１４年1月23日という日付があるから、私が「１００分de名著」のプロデューサーに就任する半年前のこと。

アドルフ・アイヒマンは言わずと知れたナチス親衛隊中佐。ユダヤ人を強制収容所や絶滅収容所に移送し、管理する部門で実務を取り仕切っていた人物だ。戦後に行われた「アイヒマン裁判」で死刑判決を受けた人物として著名だが、お恥ずかしながら、不勉強な私にとっては、極悪非道の人間くらいのイメージしかなかった。

アイヒマンが「平凡な人」？　そんな人間がどうしてこれだけの悪をやってのけたのか？　この謎を解く鍵をこのエッセイは教えてくれた。

メールマガジン掲載のエッセイは、通常一回読み切りで送られてくるのだが、アーレントを取り上げたこの回は、異例にも前後編。文章にも熱がこもっている。この短いエッセイに書き記された細やかなアーレントの人物像を読むにつけ、アーレントは、今の時代にこそ読み直さなければならないと痛感する。彼女の著書「エルサレムのアイヒマン」をすぐに手にとったのをよく覚えている。

エッセイでは、「エルサレムのアイヒマン」の原稿がどのようにして生まれていったかを、その仕掛け人である「ニューヨーカー」編集長、ウィリアム・ショーン氏のドキュメントとインタビューでたどっている。印象的なのは、アーレントが、文字通り「命がけ」でこの著作に取り組んだことがありありと伝わってくるところ。何週間にもわたって膝詰めで、アーレントと一緒に原稿作りを続けたショーンは、一回の作業が終わると精も根も尽き果てていたと、当時交際していたリリアン・ロスは記しているそうだ。

英語が苦手だったアーレントに対して、文章の明晰性、論理性などをつきつめていくショーン。最初こそ協力的だったアーレントは、ついに怒りを爆発。数々の悪罵を吐きながら、「これ以上原稿に手を入れるつもりはない」と言い放った。ショーンは、「あんなふうに人から罵《ののし》られたのは生まれてはじめてだった」と述懐している。作者と編集者の熾烈《しれつ》ともいえるせめぎあいが垣間見られるシーンだ。

徹底して知的に誠実であり続けようとするアーレント。そして、その言葉を現代の人たちに少しでも伝わるよう彫琢《ちょうたく》しようと粘り続けるショーン。そんなせめぎあいがあったからこそ名著「エルサレムのアイヒマン」は生まれたのだろう。私は、その姿勢を見るにつけ、私たちが番組に取り組む態度もかくあらねばならないと決意を新たにしたものだ。

このエッセイではまた、アーレントによる裁判傍聴の経緯も克明に紹介されている。

何百万人単位のユダヤ人を計画的・組織的に虐殺し続けることがどうして可能だったのか？アーレントはその問いに答えを出すために、雑誌「ニューヨーカー」の特派員として「アイヒマン裁判」に赴く。当初「悪の権化」のような存在と目された彼の姿に接し、アーレントは驚愕することになる。実際の彼は、与えられた命令を淡々とこなす陳腐な小役人にすぎなかったのだ。自分は法に基づいて、自分のなすべき職務を果たしただけだ、と表情を何ら変えることなく弁明を続けるアイヒマン。そこには、反省の色は全くなかった。彼女がその裁判で見出したのは、自分の行いの是非について全く考慮しない徹底した「無思想性」だったのだ。河野さんは、この日本のどこかにも、アイヒマンは潜んでいるのではないかという深い慨嘆で文章を締めくくっている。

私は、このエッセイを読んだ後、続けて「エルサレムのアイヒマン」を読了して打ちのめされた。更に、映画「ハンナ・アーレント」も観て、私の胸の中で大きな渦巻がうねり始める。

「世界最大の悪は、平凡な人間が行う悪なのです。そんな人には動機もなく、信念も邪心も悪魔的な意図もない。人間であることを拒絶した者なのです。そしてこの現象を、私は『悪の凡庸さ』と名付けました」

映画「ハンナ・アーレント」の中で、学生たちを前にして、毅然とした演説を行うアーレントの言葉。もちろん脚本家の手は入っているのだろうが、彼女が著書「全体主義の起原」や「エルサレムのアイヒマン」で伝えたかったメッセージの一つが凝縮しているように思う。私たちは、「悪」を見つめるとき、「それは自分には一切関係のないことだ」「悪をなしている人間はそもそもが極悪非道な人間だ。糾弾してやろう」と思い込み、一方的につるし上げることで、実は、安心しようとしているのではないだろうか？　そう考えるとき、私自身にもアイヒマン的な部分があるのではないかと恐ろしくなってくる。

　アーレントがつきつけたのは「誰もがアイヒマンになりうる」という厳粛な事実だ。その事実は、全ての人を不安につきおとす。だからこそ、「エルサレムのアイヒマン」は、発表直後から多くの人に「ナチスを擁護している」「ユダヤ人のことを何もわかっていない」と糾弾されたのだろう。だが、そんな風に一面的にアーレントを決めつけて貶《おとし》める論調にも、アイヒマン的な思考停止を、私は感じてしまう。

　ちょうどこの本を読み終えた半年後、私は、「１００分de名著」のプロデューサーに就任することになる。当然のように、いつかこの「エルサレムのアイヒマン」を番組で取り上げたい。そんな思いを当初から抱き続けることになった。

平凡な大衆が支える「全体主義」

　２０１７年１月。機は熟する。自国第一主義、排外主義を掲げるトランプ政権の誕生だ。これに伴って、アーレントが再び脚光を集めることになる。彼女の著作「全体主義の起原」が全米でベストセラーになるのだ。トランプ大統領が進める強権的な政治手法、排外主義的な政策に反発した市民たちがこぞって買い求めたといわれている。このタイミングを逃す手はない。
トランプ政権だけではない。フランスのマリーヌ・ルペン旋風、ドイツやオーストラリアにおけるネオナチの台頭、フィリピンのドゥテルテ政権やブラジルのボルソナロ政権による強権的な政治……その後も世界には「全体主義」的な政治手法の暗雲がたれこめていく。他人事ではない。「平和安全法制関連法案」「テロ等準備罪処罰法案」等、慎重に議論を積み重ねるべき重要法案が次々に強行採決されていく異例の事態が日本でも続いていた。議会制民主主義が正常に機能しているとは思えない状況だった。

そんなこともあって、「エルサレムのアイヒマン」のみ取り上げるのではなく、今の時代と切り結ぶ視点をもった「全体主義の起原」と連動させて、アーレントの全体主義への洞察を総合的に読み解く……それが私が練り直した企画の骨子だった。「全体主義」が社会全体の問題だけではなく、私たち一人ひとりの内なる問題にも直結しており、両面から攻めないと本質は浮かび上がらないという直観があったからだ。

果たして直観は当たった。というよりも、この「全体主義の起原」がもっている「予知能力」に私は怖気《おぞけ》を震った。分析のあらゆる固有名を入れ替えれば、この現象は今、現在進行形で起こっていることとしか思えないのだ。

アーレントによれば、全体主義は、専制や独裁制の変種でもなければ、野蛮への回帰でもない。二十世紀に初めて姿を現した全く新しい政治体制だという。その生成は、国民国家の成立と没落、崩壊の歴史と軌を一《いつ》にしている。

国民国家成立時に、同質性・求心性を高めるために働く異分子排除のメカニズム「反ユダヤ主義」と、絶えざる膨張を求める帝国主義のもとで生み出される「自民族第一主義」の二つの潮流が、十九世紀後半のヨーロッパで大きく育っていく。

そして二十世紀初頭、国民国家が没落してゆく中、根無し草になっていく大衆たちを新たに取り込んでいく存在が現れた。先の二つの潮流を母胎にした「擬似宗教的な世界観」を掲げる「世界観政党」だ。世界恐慌で経済が破綻したこの国はどうなるのか、自分たちはどうなってしまうのか……不安と極度の緊張感にさらされた大衆に、厳しい現実を忘れさせ、人々が安心してすがることのできる「世界観」。我々の民族は世界を統治すべき優れた選民である、それを他民族が妨げているのだ、彼らは陰謀を企て私たちを貶めようとしている、敵対勢力を殲滅《せんめつ》せよ……こうした、人々を気持ちよく高揚させる架空の物語こそ、ナチスに代表される「世界観政党」がふりまく「世界観」なのだ。

「全体主義」は、この手法で大衆を動員していくと、アーレントは分析する。全体主義は、成熟し文明化した西欧社会を外から脅かす「野蛮」などではなく、もともと西欧近代が潜在的に抱えていた矛盾が現れてきただけなのだ。そして、この現象を支えている根が、私たち大衆一人ひとりの内側にこそ存在しているということも鋭く指摘する。

　今、挙げた「世界観」を少しだけパラフレーズしてみよう。我々は偉大なるアメリカの一員である、それを後から入ってきた移民たちが妨げているのだ、彼らは常に陰謀を企て我々から富や仕事を奪おうとしている、移民たちを我が国から追い出せ……少しずらすだけでトランプが提示する主義主張と重なってしまう。これを「嫌韓」「嫌中」的な言葉に置き換えても同様だろう。「世界観」に取り込まれているのは過去の人々だけではない。私たちこそ、新たに生まれ続ける「世界観」に取り込まれている存在なのである。

「全体主義の起原」と「エルサレムのアイヒマン」を解説した番組制作を通して、あらためて深く感じたことは、「全体主義」といっても、それは、外側にある脅威ではないということだ。どこにでもいる平凡な大衆たちが全体主義を支えた。複雑極まりない世界にレッテル貼りをして敵と味方に明確に分割し、自分自身を高揚させるようなわかりやすい「世界観」に、私たちはたやすく取り込まれてしまいがちだ。そして、アイヒマンのように、何の罪の意識ももつことなく恐るべき犯罪に手を染めていく可能性を、誰もがもっている。「全体主義の芽」は、私たち一人ひとりの内側に潜んでいるということを自覚しなければならない。

　アーレントは、どんな批判にさらされても、その知的な誠実さを貫き通した。彼女は、古くからの友人のほとんどを「エルサレムのアイヒマン」出版を機に失った。夫に「こうなるとわかっていても書いたのか?」と問われ、「ええ、記事は書いたわ。でも友達は選ぶべきだった」と答えたという。

どんなに孤立しても「考え続ける」という武器を決して手放すことがなかったアーレントの生き方、姿勢こそ、私たちが一番学ばなければならないことではないか。

とともに、私はこのシリーズで、現代にあって最も重要なテーマの一つがこの「全体主義」の問題だということに気づかされた。「全体主義」とは、ナチスドイツやスターリニズムのような極端な事例を指すだけではない。今、見てきたように、「全体主義」は私たちの一挙手一投足に宿るものでもあるのだ。

私たちは、この全体主義にどう抗していったらよいのか。それは、その後の番組のテーマの一つでもあり続けた。この第三章では、それぞれの番組企画のプロセスを通して、更に考えを深めていきたい。

自らの倫理や尊厳を売り渡さない

ハヴェル「力なき者たちの力」

2020年2月放送

チェコスロバキアの民主化に学ぶ「抵抗の方法」

旧トランプ政権に象徴されるように、私たちは、今、強権的な政治手法、徹底した排外主義、自国の利益のみを最優先する自国中心主義などを束ねた、新しい形の全体主義を経験しつつある。それは明確な独裁体制の形をとらずとも、民主主義の体制の中ですら姿を現し、さまざまな形で日常の中に発現している。そんなことに前節で少し触れた。

こうした状況をどうとらえたらいいのか。そして、私たちは、そんな新しい形の全体主義にどうやって抗していったらよいのか？　それらの問いへの回答になるような本を、番組企画を練る中で、ずっと探し続けてきた。そして、偶然としかいいようがない出来事（後述する）の中で、その本は見出された。ヴァーツラフ・ハヴェル「力なき者たちの力」である。

嘘の上に嘘を塗り固めた政府、忖度に支配された悪しき官僚制、我が身の保身や安定と引き換えに倫理や尊厳を売り渡す人々……こうしたことが横行した、かつてのチェコスロバキアの全体主義的な社会主義体制と劇作家（後のチェコスロバキア大統領）ヴァーツラフ・ハヴェルはどう闘ったか？「力なき者たちの力」は、ハヴェルが仲間たちと積み重ねてきた経験や知恵を抽出する形で書かれた名著だ。当時は、地下出版という形で出され、わずか十部ほどしかなかったといわれている。

１９７０～80年代のチェコスロバキアは、内部告発が権力によって握りつぶされ、ルールが恣意的に捻じ曲げられ、空虚な官僚的言語によって現実が隠蔽され続けるなど、東欧でも最も過酷な全体主義体制の只中にあった。そんな厳しい体制に対して、市民たち一人ひとりがどう抵抗できるのかをハヴェルは考えぬいた。

そして１９８９年。彼が率いた「ビロード革命」は世界に激震を走らせた。永年続いた強固な社会主義体制が瓦解、市民による非暴力的な活動と対話によって平和裏に民主化を果たしたのだ。この革命を準備した活動の舞台裏を書いた「力なき者たちの力」が今再び、脚光を浴びている。アラビア語に翻訳されたこの著作は「アラブの春」を支えた市民たちに熱心に読まれた。また、トランプ政権下のアメリカでは、政治学者や歴史学者たちが、この本から「新しい形の全体主義」に抵抗する方法を学ぼうとしているのだ。

その肝とは何か？

ハヴェルによれば、二十世紀後半に入り、全体主義は、消費社会の価値観と緊密に結びつく形で「ポスト全体主義」という新たな段階を迎えたという。強圧的な独裁ではなく、「精神的・倫理的な高潔さと引き換えにしてでも、物質的な安定を犠牲にしたくない」という人々の欲望につけこむ形で、高度な監視システムと個人の生を複雑に縛るソフトなイデオロギーをいきわたらせる社会体制。そこでは、市民たちは、相互監視と忖度によって互いに従順になるように手を差し伸べあうことになる。

たとえば、政府が明らかな不正をしたり、事実の隠蔽を行ったりしたとしても、多少なりとも豊かな消費生活を維持できるのなら、黙したままでいよう、政府の批判などはやめておとなしく従っておこう……と空気を読みあって、自発的に隷属していくよう仕向けられていく。そして、あろうことか政府批判の芽は密告・告発という陰湿な手法でつぶされていく。まさに、「忖度」が支える体制が「ポスト全体主義」なのだ。

このような社会では、大上段に構えた既存の政治理念は効果を失ったとハヴェルはいう。対抗するには「人間らしく暮らせるか否か」という基本に立ち返り、人間の「今、ここ」を起点とした新しい形の政治運動を再構築する必要があるというのだ。「思っていることを自由に表現できる」「権力に監視されない」「威厳をもって人間らしく暮らせる」といった、最も基本的な「生の領域」に働きかけること。そうした地道な活動は、「並行構造」「並行文化」と呼ばれる独自のグループを生んでいく。

公には禁じられている英語の歌を歌うロックグループは友人の結婚式の場で演奏を続け、公職から追放された哲学者は自宅でセミナーを行い、政府に批判的な演劇は、公の劇場ではなく「自宅劇場」で演じられ続けた。発禁になった書籍は、カーボン紙によるコピーによって地下出版で発行され、わずか十部の手作りの本が数百人という人々の間で回し読みされていった。一見、非政治的とも思えるこうした活動は、地下茎のようにネットワークを広げ権力側には見えない形で強固な抵抗の基盤が築かれていく。これが「並行構造」だ。

ハヴェルは自らがハブとなり、地下出版や音楽家グループらと緊密に連携しながら、この抵抗の基盤を更に成長させ続けた。そうした積み重ねが、決して壊れないとされてきた「ポスト全体主義」体制に風穴を開け、ついに「ビロード革命」を実現させたのである。

こう書いてきて、今、私は戦慄を覚えている。「オルタナファクト」「フェイクニュース」「公文書の改竄《かいざん》・隠蔽」といった言葉に代表されるように、今、私たちは、かつてハヴェルたちが生きた時代と酷似した時代を生きているのではないか。今、世界や日本で起きているさまざまな事象を見つめるとき、ハヴェルが描いたディストピアは、更に先鋭化する形で現代に現れていると思えてならない。その意味で、彼の主著は、今でも全く古びていない。古びていないどころか、私たちが今を生きぬいていく上での貴重なヒントが、この著作にはたくさん埋め込まれているように思える。

市民が育てるべき「嘘を見抜く眼」

実は、この「力なき者たちの力」を取り上げるという企画、最初は全く別のものになるはずだった。私自身も大好きなカレル・チャペック「山椒魚戦争」を解説するというのが最初の企画の形で、チェコ文学者の阿部賢一さんにもち込んだのだ。しかし、予想外の展開に。直接お会いした際、「今、この時代にどうしても多くの人に読んでもらいたい本が他にある」と阿部さんがいう。そのときに出た名前がヴァーツラフ・ハヴェルだった。

ところが、これが奇跡ともいえる邂逅《かいこう》で、私はポーランドの自主管理労組リーダー、レフ・ワレサとチェコスロバキアの劇作家ヴァーツラフ・ハヴェルがいなければ、今頃テレビ局で働いていないのではないかといえるほど、この二人に影響を受けた人間だったのだ。何しろ私が就職活動をしたのが１９８９年。就職面接を受けまくっていた当時、次々に東欧諸国が倒れていった。ワレサは壁の向こうからやってくる電波が世界を変えたと高らかに宣言した。ハヴェルは「真実の言葉」が世界を変えたと叫んだ。日々のニュースにもまれながら、複数の内定先からＮＨＫを選んだのはまさに彼らの言葉があったからなのだ。

阿部さんに初めて取材したときの音源が残っているが、取材の半分くらいは熱に浮かされたようにハヴェルのことを語り合っている。チャペックの話はどこかに吹き飛んでいた。

１９９０年代はハヴェルの本が続々と翻訳されていた。「ハヴェル自伝」「プラハ獄中記」「反政治のすすめ」「ビロード革命のこころ」などなど。残念ながらほぼ全て絶版だが、ＮＨＫに入ったばかりの私はこれらハヴェルの本を読み漁っていた。ハヴェルの著作群は、若き日の私がジャーナリズムの中で何をすべきかを示してくれる指針ともなっていた。しかし、まだ主著ともいえる「力なき者たちの力」は翻訳されていなかった。かろうじて、チェコの思想史を研究している石川達夫さんの論考などに、いくつかの部分が引用されているのみ。何しろチェコ語は読めないから全体像をつかむことはできなかった。

あれから三十年。ようやく阿部さんの手によって翻訳された「力なき者たちの力」のゲラを、出版社のご了解も得て、この取材の直後に読ませていただくことになった。夢にまで見たあのハヴェルの主著だ。興奮の坩堝《るつぼ》だった。そして半分も読まないうちに確信した。これは、今の社会に必要な本だ、と。

知名度の点で企画を通すハードルは高いと思ったが、それは切り口次第だと思い直し、企画書の文章を周到に練り上げた。難航するだろうと予測していた企画会議だったが、蓋を開けたら「これは非常に強く現代性が感じられる企画だ」と高い評価を得て採択、意外にも著作の知名度は不問に付されたのだった。

こうしてさまざまな出会いと幸運によって、およそ放送一年前に採択された企画だったが、驚くべきことに、放送が近づくにつれ、ますますハヴェルが直面したかつての状況と、現代に生きる私たちが向き合っている現実が似通ってきた。

上滑りする空虚な官僚言語が人々に蔓延する恐怖を描くハヴェルの戯曲「ガーデン・パーティ」。「平和」という文字を連打するうちに、その文字がいつの間にか「爆弾」をかたどる形象に転化していくことを象徴的に表現した視覚詩「戦争」。そして、「現実を隠蔽する偽りの言葉」や「定型句だけを使って、全く責任をとろうとしない匿名化する権力」の恐ろしさを鋭く批判した「力なき者たちの力」。番組で取り上げたハヴェルの作品のことごとくが、今、私たちの目の前で起こっている出来事の写し絵のようだった。チェコスロバキアをかつて覆った「ポスト全体主義」へのハヴェルの鋭い批判は、現代を生きる私たちをも鋭く刺し貫いていることを実感した。

では、「忖度」や「同調圧力」に支配された体制にあって、一人ひとりの市民には具体的に何ができるのだろうか？　これも、ハヴェルが貫いた行動から学ぶことができる。

「国民の前で決して嘘はつかない」。ハヴェルが大統領就任演説で示したのはその強い姿勢だった。前政権のごとく嘘でごまかすことなく、統計資料を偽装することなく、「我が国は繁栄していません」と赤裸々に現実を語ったハヴェルの言葉に、国民は「ようやく真実を語るリーダーが現れた」と歓呼の声を上げた。これは、何よりも、ハヴェル自身が旧体制にディシデント（反体制派／異論派）と呼ばれた頃から変わらず続けてきた「真実の生」の実践だった。彼の姿勢から学ぶべきことは、為政者が真実を語っているのか、嘘を重ねているのかを見抜く眼を私たちは育てなければならないということだろう。

ハヴェルはまた、たった一人の勇気ある行動が一師団をまるごと武装解除する力をもつことがあるという。「真摯に取り組んだ、〈慎ましい仕事〉が悪い政治の批判となる」とも述べている。

何も難しいことではない。我が身の保身や安定と引き換えに倫理や尊厳を売り渡すことなく、良心に恥じない誠実な仕事を地道に続けること。自らの醜い欲望だけのために嘘を塗り固めて現実を隠蔽しないこと。ハヴェルが一貫して語り続けたことは、実は極めてシンプルだ。そうした人間が一人、また一人と増えていき、互いにつながりあっていったとき、立ちはだかる分厚い壁が揺らぎ始める。ハヴェルは、そのことを身をもって示してくれた。

私自身も、番組制作を通してこの〈慎ましい仕事〉を続けていきたいと深く決意した。ハヴェルから私が学んだ最も大切なことは、そのことだったかもしれない。

敵とともに生きよ！

オルテガ「大衆の反逆」

２０１９年2月放送

九十年前の本が言い当てる民主主義の困難

「社会の行く末を左右するような決定が、丁寧に議論されないまま、いつの間にか決まってしまっている」「大きな不祥事が生じても誰も責任をとろうとしない」「それどころか不都合な事実については誰もが口を閉ざし、事実が隠蔽されてしまう」「情報開示を求めても、文面のほとんどが黒塗りで差し出される」「物事を検証するのにとても大切な公文書や基礎資料が改竄、あるいは最悪のケースでは抹消されている」

　全体主義とはいわないまでも、民主主義の根幹が揺らぐような出来事が２０１８年以降、相次いでいた。世界はもちろん日本でも頻繁に起こっている、こうした出来事を見ていると、もはやこれは民主主義ではないのではないかと、暗澹《あんたん》たる思いに沈む。このような流れを押しとどめなければ、世の中は再び全体主義の暗雲に包まれていくのではないか。メディアが今こそ、何らかのアクションを起こさなければならないのではないか。オルテガ「大衆の反逆」を番組で取り上げようと考えたのは、このような危機感の中で、ある言葉が胸の奥から浮上してきたからだった。

「敵とともに生きる！　反対者とともに統治する！」

この言葉はいったい誰の言葉だったのだろう？　ネット上で調べてみて、ようやくその言葉の発言者を突き止めた。スペインの哲学者、オルテガ・イ・ガセットの言葉だった。更にこう続く。

「反対者の存在する国がしだいに減りつつあるという事実ほど、今日の横顔をはっきりと示しているものはない。ほとんどすべての国で、一つの同質の大衆が公権を牛耳り、反対党を押しつぶし、絶滅させている」

これはまさに今、世界で起こっていることではないか。もう一度彼の著書「大衆の反逆」を読み返すことにした。驚くべきことに、この本は今からおよそ九十年前のものであるにもかかわらず、現代の民主主義が直面している困難や問題点を予言するかのように言い当てている本だった。大学時代に一度通読していたにもかかわらず、そんな論点が展開されていたなど全く忘れていた。更に、そんなオルテガの思想を現代と結びつけて論じている政治学者の中島岳志《たけし》さんの著書とも出会った。早速オルテガのもつ現代性について取材をさせていただくことにした。

　中島さんによれば、オルテガは、大衆は「みんなと同じ」だと感じることに、苦痛を覚えないどころか、それを快楽として生きている存在だと分析する。十九世紀後半以降、急激な産業化や大量消費社会の波に洗われ、自らのコミュニティや足場となる場所を見失い、根無し草のように浮遊を続けることを余儀なくされたのが大衆という存在だ。

　その結果、他者の動向に細心の注意を払わずにはいられなくなった大衆は、世界の複雑さや困難さに耐えられず、進んで一色に染まり始める。みんなと違う人、みんなと同じように考えない人は、排除される危険性にさらされ、差異や秀抜さをもった人たちも大衆たちの同質化の波に呑み込まれていく。こうした現象が高じて「一つの同質の大衆が公権を牛耳り、反対党を押しつぶし、絶滅させて」いくところまで逢着《ほうちゃく》するという。

　オルテガは、そんな大衆化に抗して、歴史的な所産である自由主義（リベラリズム）を擁護する。その本質は、野放図に自由だけを追求するものではない。そこには「異なる他者への寛容」が含意されている。多数派が少数派を認め、その声に注意深く耳を傾けること。「敵とともに共存する決意」にこそリベラリズムの本質があり、その意志こそが歴史を背負った人間の美しさだというのだ。

「敵とともに生きる！　反対者とともに統治する！」という言葉に込められたオルテガの洞察は、中島岳志さんが解説してくれた次の文章を読んでいただければわかるだろう。それは中島さんが依拠する「保守思想」の根幹ともいうべき思想だ。

> 重要な手続きや規範、礼節などを面倒くさがり、すっ飛ばしてしまうのが大衆の時代ではないか、とオルテガは言います。大衆は、そんな面倒なことをするよりも、さっさと多数派で決めてしまえ、多数者にこそ正しさが宿るのだ、と考える。「リベラル」の根幹にあるはずの、互いの自由を保障し、引き受けるという文明性が大衆の時代に破壊されつつあることに、彼は警鐘を鳴らそうとしていたのだと思います。
>
> （中略）大衆の時代である現代、人々は自分とは異なる思考をもつ人間を殲滅《せんめつ》しようとしている。自分と同じような考え方をする人間だけによる統治が良い統治だと思い込んでいる。それは違う、とオルテガは言うのです。自分と真っ向から対立する人間をこそ大切にし、そういう人間とも議論を重ねることが重要なのだ、と。

（NHKテキスト「100分de名著 オルテガ『大衆の反逆』」）

この言葉に、まず自分自身が刺し貫かれた。チームでいろいろなプロジェクトを進めているときに、果たして自分は異なる意見にきちんと耳を澄ましていただろうか？ そういう意見の人たちとじっくりと議論を積み重ねる努力をしてきただろうか？ 自分の地位や数の論理にあぐらをかいて強引に物事を進めてきたことはなかっただろうか？「民主主義」といってもそれは自分の「外」のシステムのことではない。私たち自身の足元の問題なのだと反省させられた。

かつての日本人たちは、異なる意見の人たちと丁寧に議論を積み重ねる叡知《えいち》を持ち合わせていた。たとえば、自らの所属する組織に向けてあえて厳しい批判を述べて正そうとする人が出てきても、その人を忌避することなく、むしろ有益な助言者として受け入れ評価しようとした事例を、私は数多く知っている。反対派の意見にも一理あると考えれば、丁寧に耳を傾け、双方の意見を「落としどころ」に練り合わせていくという努力も、数多くの人たちが行っていた。「敵ながらあっぱれ」という古くからの言葉には、そうした日本人の知恵が込められているとも感じる。

ところが、現代は、オルテガが「大衆の時代」と述べて厳しく批判した現象と全く同じような出来事が頻繁に起こっている。「組織のために有益な批判を行った人をも徹底的に冷遇する」「反対派の意見には一切耳を傾けず、鼻で笑うような対応をする」「多数派という立場にあぐらをかいて、丁寧な議論をすっ飛ばし、数の論理だけで強引に物事を進めていく」。オルテガが生きていれば、こんなあり方は、「保守」でも「民主主義」でもないと喝破するだろう。それは、オルテガが示した大衆の典型的なイメージ、「自らの能力を過信し、慢心したお坊ちゃん」の業《ごう》であると批判するように思えてならない。

熱狂を煽る人々を疑え

番組では、伊集院光さんが、面白いたとえ話を語ってくれた。ある職場でランチに行く際に、肉派と魚派の二派に分かれた。民主主義で決めようということで即座に多数決を行う。結果は九対二で肉派の勝利。肉派は「今日から魚を食べるのは一切禁止。魚派は負けたのだから」と言い放つ。多数決で勝ったほうが自分たちの意見一色で塗りつぶしてしまうわけだ。しかし、それって民主主義なのか、と疑問を呈してくれた。

本当の民主主義では、ぎりぎりまで二派のすり合わせをし、最終的にルールを決めるときに初めて、やむをえない手段として多数決を行う。たとえ肉派が多数を占めても、「肉派が勝ったんだけどさ、魚が好きな人もいるんだから、曜日を決めて週二回は魚の日にしようよ」と提案し、少数派も考慮に入れた共生のためのルールを作るのが正しい民主主義のあり方ではないのか、と、伊集院さんは感慨深げに締めくくってくれた。実に巧みなたとえ話だったが、聞きながら、今、目の前で横行している事例のほとんどが悪い例のほうの稚拙な多数決ではないかと思い、ぞっとした。

オルテガが唱える真正の「保守思想」とは何か？　「自らとは異なる意見や少数派の意見に丁寧に耳を傾け、粘り強く議論を積み重ねる」「自らの能力を過信することなく、歴史の叡知や死者たちの言葉を常に参照する」「短期的な目先の利益だけのために物事を強引に進めない」「敵／味方といった安易なレッテル貼りに与《くみ》しない　『懐疑する精神』を大切にする」「大切なものを守っていくために『永遠の微調整』を行っていく」。いずれも、危機に瀕した民主主義を再生するための重要なヒントである。

オルテガが示してくれたように、「本物の保守」と「偽物の保守」を見極めなければならない。そのために必要な警句を、中島岳志さんがラストに教えてくれた。

「熱狂を疑え！」

中島岳志さんが師と仰いでいた故・西部邁《にしべすすむ》さんの言葉だ。熱狂している人間は、何か一つのことを妄信してしまっている。そういう人間は、そこからはずれる他者を排除していく心理にはまりこんでしまう。今の時代は、ＳＮＳなどの影響もあって常に熱狂しがちだ。ある事件が起こると、ざあっと一つのことに群がり、時間がたつとあっという間に忘れてしまう。為政者たちは、そんな状況を利用しているのだ。そんな熱狂に翻弄される社会、熱狂を煽る為政者たちを、冷静に見つめて疑いなさいと、中島さんは西部さんに繰り返しいわれたそうだ。

熱狂を煽る側に陥りがちなメディアの人間として、この言葉を深く胸に刻みたいと思っている。

感情は煽れるが知性は決して煽れない

三木清「人生論ノート」

2017年4月放送

三木の死を過去の出来事にしない

三木清「人生論ノート」という名著は、この番組のプロデューサーに就任してからずっと取り上げてみたかった本だった。大学時代に、全体はよく理解できないながらも、「幸福」について洞察するいくつかの文章が心に突き刺さった経験があり、いつか深く読み解いてみたいと思っていたのだ。

もう一つ、彼の本を今、取り上げたいという思いに拍車をかけた動きがあった。国民的議論がまだ続けられている最中にもかかわらず、あまりにも速いスピードで「テロ等準備罪処罰法案」が可決されようとしていたのである。もちろん、国際的なテロ対策の水準に合わせなければならないという事情も理解できる。だが、法案の内容は、人権を侵害するケースも考えられるのではないかとの専門家の意見もまだまだ続出していた。本来であるならば、もっと慎重に議論をして、歯止めをかけたほうがよい部分には、丁寧に修正を加えていくという方向性もあったはずだ。なぜもっと慎重な議論を行おうとしないのかが疑問でならなかった。

実は、三木清は晩年、発表した原稿が原因となって、言論の自由が奪われていた。その後、特高警察にマークされていた昔の友人を一晩泊め外套を貸し与えたというだけで検挙されることになる。「治安維持法」の拡大解釈だ。最終的には、戦争が終結した後にもかかわらず、釈放されることなく獄死する。ＧＨＱが「人権指令」によって「治安維持法」を廃止したのは、一説によれば、この三木の獄死に衝撃を受けたからだともいわれている。

犯罪とは無関係の一市民が、法律の拡大解釈で投獄され、殺される。こうしたことは二度とあってはならない。三木の死を単なる過去の出来事としてかたづけてしまうことなく、貴重な教訓として、現代の制度設計の議論に徹底して活かしぬいてほしい……そんな思いから、三木清の名著とともに、彼の人生を振り返ることが今、何よりも必要ではないかと考えたのである。

しかし、なかなか「これは！」という論者が見つからなかった。もちろん専門家による三木清についての優れた研究書はいろいろあるのだが、意外にも「人生論ノート」にスポットが当たったものは少なかったのだ。

心の中で温め続けていたある日のこと。意外なところから道が開けた。アドラー「人生の意味の心理学」の解説をお願いして以来、親交のあった岸見一郎さんのご自宅を訪ねたときのことだ。書棚に三木清の全集があるのを見つけて、小さく「あっ！」と声を出して驚いたのを今でもよく覚えている。

「アドラーの研究者である岸見さんがなぜ三木清の全集を？」と一瞬意外な印象をもったが、一方でギリシャ哲学の研究者でもある岸見さんならば、もちろん読み込んでいてもおかしくないだろうと思い直し、思い切って話を聞いてみることにした。驚いたことに「人生論ノート」は、若き日に哲学を学び始める原点の一つになった名著だというのだ。

三木清の難解な文章に見事な補助線を入れつつ、現代の私たちに近づけて解釈してくれる岸見さんのお話は、想像以上の切れ味だった。今までどうしても理解の及ばなかった難解な文体の謎がするするとほどけていった。

三木は「人生論ノート」で一つの「幸福論」を提示しようとしていた。同時代の哲学や倫理学が、人間にとって最も重要な「幸福」をテーマに全く掲げないことを鋭く批判することから、三木は論を始める。「幸福」と「成功」とを比較して、量的に計量できるのが「成功」であるのに対して、決して量には還元できない、質的なものとして「幸福」をとらえる。いわく「幸福の問題は主知主義にとって最大の支柱である」「幸福を武器として闘うもののみが斃《たお》れてもなお幸福である」。幸福の本質を突こうとした表現のように見えるが、どこか晦渋《かいじゅう》でわかりにくい表現だった。

岸見さんによれば、こうした晦渋な表現をとったのには理由があるという。戦争の影が日に日に色濃くなっていく１９３０年代。国家総動員法が制定され、個人が幸福を追求するといった行為について大っぴらには語れない重苦しい雰囲気が満ちていた。「欲しがりません勝つまでは」というスローガンに代表されるような、自己犠牲や滅私奉公を美徳とする風潮が人々の心を席捲し、「個人の幸福」などといったことを口にしようものなら、たちまち「非国民」のレッテルを貼られ、排撃されてしまうという時勢だったのである。

普通に表現しても検閲されて世に出すことができなくなると考えた三木は、哲学用語を駆使して表現を工夫し、伝わる人にだけはきちんと伝わるように……との祈りを込めて言葉を磨き上げていったのである。

熱狂に巻き込まれない「知性の砦」を築く

番組制作に向けて岸見さんと三木清について話すたびに、「今の時代は、三木が生きた時代にとても似てきているかもしれない」という感慨が深まっていった。当時、少しでも政府に対して批判的な態度を示すと、「非国民」「反日」といったレッテルを貼られて攻撃されてしまうような風潮が、ネット上を中心にたちこめていた。その一方で、国粋主義を煽るような言説が横行し、「愛国心」の名のもとに、在日外国人や周辺諸国を烈《はげ》しく排撃するような論調が跋扈《ばっこ》していた。こうした風潮は未だに続いている。

私とて、健全な愛国心を育てることは大切なことだと思っている。だが、愛国心はむやみやたらと煽るものでもないし、求心力を高めるために政治利用しては決してならないものだ。歴史が物語るように、愛国心が限りなく暴走するとき、国家は滅びの道をひた走ることになる。

こんな状況の中、「三木が、戦前の厳しい時代に、言葉を通してどう現実と闘っていたのか」を見極めていく作業は、今、この時代だからこそ、とても意義深いことではないかという思いが強くなっていった。三木の言葉は、まるでこうなることを予言していたかのように、今の世の中の状況を鋭く抉《えぐ》り出していたからだ。番組でも語り合った事例を一つ挙げてみよう。

三木が一貫して重視しているのは「知性」の力だ。もちろん感情や情念のようなものを三木が軽視しているわけではない。そういうものも大切にしつつも、彼はぎりぎりまで知性を駆使してみようと訴えている。たとえば以下のような文言。

> 感情は主観的で知性は客観的であるという普通の見解には誤謬がある。むしろその逆が一層真理に近い。感情は多くの場合客観的なもの、社会的なものであり、知性こそ主観的なもの、人格的なものである。
>
> （「人生論ノート」三木清著、新潮文庫）

普通に読むと逆ではないかと思ってしまう。なぜなら感情なんて個人のものなのだから主観的に決まっているし、知性は客観的なことについて言及する能力のはずだ。ここには、三木らしいレトリックがある。この言葉のいいかえの部分に注目してみよう。

客観的なもの＝社会的なもの。主観的なもの＝人格的なもの。このように三木による定義づけによって文章を読みかえていくと、本当の意味がわかってくる。感情が社会的なものというのは、自分ならではの純粋な感情ではなくて、たとえば、他人がこの番組が面白いといえばなんとなく自分も面白そうだと思ったり、グルメサイトの口コミで多数の人がおいしいと書き込んでいれば、なんとなくそのレストランの料理をおいしく感じてしまう。感情というのはこんな風にたやすく煽られたり、空気によって左右されたりするものだ。三木は、これを「社会化されている」「客観」と表現しているのだ。

しかし、知性は違う。社会やその場の空気に左右されず、きちんと自己の基準で良否を吟味し判断できるのが知性。だからこそ、三木は知性こそが主観的なものであり、人格的なものであると述べているのだ。

こんな風に知性を重く見たのは、当時三木の置かれていた状況があったからこそだと思う。「人生論ノート」の連載が始まったのが、戦争のために国家が国民の権利を制限し、財産などを利用できるようにする国家総動員法が公布された二か月後のこと。国粋主義的な風潮によって世論が煽られていた。まさに国民全体が「愛国心」というものに酔い、大衆的な熱狂が始まっていた時代。こういう時代だからこそ、三木は社会化された感情に煽られることなく、各人が人格の中に、刹那的な情緒や熱狂に巻き込まれないような知性の砦を築け、と訴えているようにも読める。

先にも述べたが、私自身の中にも、もちろん愛国心というものはある。しかし、それは他者や集団、国家によって煽られてはいけないものだと思う。それは誰からいわれるまでもなく、一人ひとりが、暴走させることなく大切に育むべきものだ。

「愛国心」を謳い上げる心地よいスローガンや美辞麗句はたやすく感情を高揚させ、全体的な空気の中に押し流していく強力な魔力をもつ。それにはまりこめば、なんだか自分が大きくなったように思えて気持ちがいいものだ。だからこそ、他人や政治家に感情が扇動され、気持ちよくなりそうなときには、何よりも警戒しなければならない。そういうときこそ、三木のいう「知性」によってその感情のありようをきちんと吟味しなければならないのである。

「感情を煽ることは容易だが、知性を煽ることはできない」

岸見さんは三木の知性に対する考えを一言に凝縮してこう表現してくれた。私たちは、ともすると、周囲の空気に流されてしまい、自分で考えることをやめてしまいがちだ。三木は、こうした状況を「精神のオートマティズム」と名付けて鋭く批判した。

私自身も、ともすると、この「精神のオートマティズム」にやられそうになる。これこそが「全体主義の芽」だ。そんなときこそ、三木が訴え続けた「知性」、そして「考え続けること」の大切さを胸に刻みながら、「孤の独立」を守り抜いていくこと。そして、三木清が示してくれた抵抗戦略を実践すること。それこそが、彼が命を賭して遺してくれたものを活かす道だと思えてならない。

第四章

発想の大転換

「異物」が新しい企画を生む

谷崎潤一郎「春琴抄」

2020年10月放送

一年先を見越してのテキスト選択

第三章までは、「名著の予知能力」というお題によって、鮮やかに甦った記憶の中から、まさに現代の状況を予言しているかのように問題点を明らかにしてくる名著の力や、私たちの人生の行く先を照らし出してくれるような名著の力について書き綴ってきた。この調子で書き続けていくと、堅すぎて息苦しくなってくる読者の方もいるのではないか。そこで、この章では、ちょっと趣向を変えて、番組の企画自体が、どのような脳内プロセスから生まれ出てくるのかを自分なりに少し解剖してみたい。名付けて「発想の大転換」。

メディアの方々から取材を受ける機会も、ありがたいことに少しずつ増えてきたが、必ず訊かれるのが、「どうしてこのタイミングで、こんなにぴったりの名著を選べるんですか」という質問。「私の力です」と自慢したいところだが、そんなことはない。名著といわれるものがもつ普遍性があってのことだ。

この番組は、事前に副読本としての番組テキストを講師に執筆してもらうので、八か月から一年前に企画を作成しなければならない。ニュース企画や調査報道番組のように、「今、まさに起こっていること」を即座に取り扱うというわけにはいかない。だから、今、起こっていることから一年くらい先のことを見越して企画を練ることになる。もちろんぎりぎりまで考えぬくのだが、最終的に助けられるのは、名著のもつ普遍性だ。優れた作品ほど、さまざまな読み解きが可能で、結果的に名著が勝手に現実に近づいてくれる……ということが往々にしてあるのだ。だから、私の中にある選書の基準は、「マンネリにならないための絶えざる基準崩し」という、矛盾極まる「基準」しかない。まずは、こんなエピソードから始めよう。キーワードは「異物」だ。

著者から語りかけられる体験

２０１８年末、ある雑誌の企画で思想家の内田樹さんと対談をさせていただいた。「１００分de名著」のカミュ「ペスト」の回に、内田さんがゲスト出演しているのを目にしてくれた編集者のアイデアだそうだ。対談のテーマは「本物の読書体験をしよう」。いつもその著書が驚くべき知見を与えてくれる内田さんの、年来の大ファンだったので、柄になく心を上擦《うわず》らせながら会場の学士会館へ向かう。

期待にたがわず、最後の最後まで全く予想もつかないスリリングな展開だった。一度だけ、終始にこやかだった内田さんの眼に鋭い光が宿った瞬間があった。内田さんが師と仰ぐ哲学者エマニュエル・レヴィナスの著作との出会いについて語った次のくだりである。

出会い頭に見ず知らずの外国人に襟首を掴まれて、ものすごい勢いで喋りかけられた感じでしたね。外国語なので、何を言っているかさっぱりわからない。しかし、明らかに僕に向かって喋っている。僕に用事があるらしい。僕が緊急に理解しなければならないことを伝えたいらしい。（中略）自分自身の枠組みを壊さなければ理解できないのだということはわかった。レヴィナスを受け容れるために武装解除を強いられたといった感じでしたね。

（月刊誌「潮」２０１９年２月号「新春対談・本物の読書体験をしよう」）

もちろん内田さんにとってレヴィナスがとても大事な存在だということは著作を通して知っていたが、その出会いがここまで凄まじいものだとは思わなかった。とともに、「とても稀だけどこういう読書体験って確かにあるよな」と思わず膝を打ったのをよく覚えている。内田さんほどではないが、意味もわからないまま、著者から直接語りかけられるような体験をもったことがある。大学院生時代、ヴィクトール・フランクルの「夜と霧」を読んだときのことだ。

当時、自分が将来何を目指せばいいのかわからず悩みに悩んでいた。「夜と霧」のある一節にさしかかったとき、フランクルはこう語りかけてきたのだ。「何に苦しんでいるかは知らないが、君は今、人生から問いかけられているんだよ。全力でその問いに応えてみなさい」と。錯覚かもしれないが、耳元で確かにそう囁きかけられている気がした。今まで味わったことがない読書体験だった。

最初は異物を体内にねじこまれるような苦しさだった。だが何度か読み返すうちに、その言葉の意味が少しずつほどけてきた。「やりたいこと」「なりたいもの」にばかりこだわって身動きができなくなっていた自分。フランクルから問われることで、「自分が何をやりたいか」ではなく、「自分は人生やこの世界から何を期待されているのだろうか」という視点で人生を見つめるようになっていた。立ち位置が百八十度ぐるんと反転した。ふっと楽になった。

以来、恩師や先輩、友人たちに「自分のどんな能力が世の中に役立つと思いますか？」と訊いてまわった。ある先輩は、「いきなり何を言い出すんだ」と怪《け》訝《げん》な顔をしながらも「君は自己主張しているときよりも、人の話をうまく聞き出してそれを上手にまとめて伝えるときのほうが生き生きとしているよ。そういう力が役立つんじゃないか」と丁寧に諭してくれた。私が就職先としてマスコミを志望しようと思ったのはこの瞬間だった。私はフランクルに出会っていなければ、今の仕事にはついていなかっただろう。

フランクルの著作とは、以来三十年以上つきあい続けている。が、いくつかの言葉は未だに消化しきれない異物として、石のようにごろごろと体内に滞留し、疼《うず》き続けている。だが、この異物は、人生の折々に突如発芽することがある。そして、発芽するたびに、自分の枠組みを解体し、人生や世界の見方を一変させてくれる。だから、名著は読んだ瞬間に全てを理解できなくてもいい。こうした「異物性」こそが名著の名著たる所以《ゆえん》なのだということを最近しみじみと実感している。

谷崎作品は「異物」を体内にねじこむ体験

この「異物性」が企画に結びついたのが、「痴人の愛」や「春琴抄」を取り上げた「谷崎潤一郎スペシャル」の回である。谷崎はずっと気になる存在だったが、理解を絶する部分が多い作家だった。「陰翳礼讃」こそ愛読していたが、小説作品については、どうしても共感しがたいところも多く、ある意味、谷崎は私にとって「絶対的他者」ともいうべき存在だったのだ。

そんな谷崎の作品を取り上げようと思った大きなきっかけが、先の内田樹さんとの対談の中の「異物」という言葉だった。私にとって、長らく谷崎は「自分の手持ちの知的枠組みにうまくおさまらない『異物』」だった。だから、この言葉を聞いて、私自身心のどこかで、谷崎の小説作品を「なかったこと」にしていたのではないか、と痛烈に反省したのだ。

この機会に、谷崎という存在と真っ向から向き合い、これまで積み上げてきた既存の知的な枠組みを解体してみるのも、「１００分de名著」という番組の懐を大きく広げるという意味で大きな価値があると思い直した。

実は、解説していただく講師候補には想定があった。「深読み日本文学」という著書で、ユニークな谷崎論を展開している作家・島田雅彦さんだ。特番の「１００分deナショナリズム」収録現場の楽屋で、早速、いくつかの作品候補をもってご相談したところ、快く受けてくださった。

谷崎作品との向き合いは、まさに「異物」を自分の中にねじこんでいくような体験。視聴者の中にも、眉をひそめた人もいるかもしれない。私自身は、内田さんから教えていただいた通り、今回は谷崎作品を自分と異なるものとして排除しようという気持ちはもたないように取り組んだ。その結果、多くのことが腑に落ちていった。

谷崎が描く人間の本性に対して、単に「変態性」とレッテル貼りして切り捨てることなく、「なぜここまで谷崎は、この本性にこだわるのか」ということを、島田さんとともに読み進めながら深く考えぬく。その結果、わかったのは、「変態性」というものは、どんな人間であっても、程度の差はあれ、誰もがもち合わせているということだ。普通は、恥ずかしいこととして、そういう自分の側面は、覆い隠し、抑圧しようとする。しかし、そうすればするほど、その「変態性」は、不健全な形でねじくれ、いびつな形で噴出してしまうのだ。世を騒がす、「なぜあの人が？」といったスキャンダルや事件は、そのようなケースが多いのではないか。谷崎がとった戦略は、いびつなものとしてねじくれてしまうものならば、隠さずにとことん向き合おう、というものだったのではないか。良識派という人たちに眉をひそめられたりしたってかまわない。それは、自分のもっている本性なのだから、とことんつきあってみよう。その結果、立ち現れたのは、島田雅彦さんが番組でも語ってくれた「変態だけどフェア」「男尊女卑教の敗北」といったワードに代表される、谷崎的な「公正さ」だ。私たちは、こうした谷崎の姿勢の中に、人間の本性を見つめぬく真摯さを学ぶこともできそうだ。

何度も「不謹慎だ」「俗悪だ」という悪罵を投げつけられながらも、谷崎は、この姿勢を貫き続けた。その結果、谷崎は、誰もなしえなかった独自の文学世界を築き上げていったのだ。

戦中に書く風俗小説は谷崎流「抵抗戦略」

谷崎は、戦中にも、全く政治や社会とは関係ない「細雪」のような風俗小説を書き続けた、といって批判をされることもよくある。軍靴の足音が聞こえてきたときにさえ「春琴抄」のような、非社会的な作品を描いた彼は終始ノンポリだったといわれることもあった。しかし、このシリーズで、島田さんとともに行った稀有な読書体験が教えてくれたのは、こうした作風は、実は、谷崎流の「抵抗戦略」だったのではないかということだ。代表作の一つ「春琴抄」の事例で見てみよう。

　自らの目を突いて、盲目の三味線の師匠、春琴と同様の盲者になることを選ぶ「春琴抄」の主人公の佐助。そこには、音や触覚による、めくるめく世界があった。直接的、物質的な光を断ち闇の世界に入った佐助の姿には、軍靴迫る現実の日本社会に幻滅して、自らの作品の中に理想の美を実現しようとする谷崎の姿が重なる。醜い現実世界に合わせて生きることなどできないと考えた谷崎は、佐助と同じように外の世界を見る眼を閉ざし、文学の世界にこもって、現実の醜さに抗するような世界を創り出そうとしたのである。その後も、マッチョな国粋主義が声高に叫ばれる戦時下、大阪の旧家を舞台に、四姉妹の日常生活の悲喜こもごもを綴った風俗カタログともいうべき「細雪」をひたすら執筆し続ける谷崎の執拗さ。ノンポリとも思えたこれらの作品の鋭い政治性が浮かび上がってくる。

　庇《ひさし》や障子に濾過された淡く微妙な間接光によって、朦朧《もうろう》と澱《よど》むように現れる暗がりにこそ、近代化・西欧化がもたらした人工光によって失われようとしていた、さまざまな差異をたやすく呑み込む日本ならではの美があるとした「陰翳礼讃」の言説。ここにも全てを白か黒か、愛国か非国民か……で塗り分けるような無粋な分断主義に対する静かな警告すら聞き取れる。

「絶対的な他者」として屹立《きつりつ》してきた谷崎潤一郎という存在を、自分の中にねじこんでいく体験……それは、私たちの既存の知的枠組みを解体し、今まで見たこともないような光景を現出させてくれる稀有な体験だった。学問や文学という分野が著しく軽視される昨今、私たちが谷崎文学から学ぶことは、まだまだ数多くあるのではないだろうか？

この体験以来、私が番組制作の中で特に大切にしているのが、この「異物感」だ。「名著をたかだか百分で紹介するなんて冗談じゃない。こんなお手軽で安直な番組なんてまっぴらだ」といった批判をいただくことがある。もちろん無謀な試みだとは重々承知している。だが、一度観てほしい。きっと印象は全く違うはずだ。私たちは、お粥のように食べやすく加工し尽くすのではなく、名著の中の「異物」は「異物」として残しながら、そのわからなさも含めて提示することを心がけている。だから番組を観終わった後にすっきりしないこともあるかもしれない。司会の伊集院光さんの解釈と講師の解釈がうまく交わらないままラストを迎えることさえある。だが、そんな回のほうが余程面白い。そして、それこそが私たちのねらいなのだ。

あなたの心の中に「異物」としての名著が種になって根付き、いつか大きく発芽して、あなた自身の世界の見方や人生が豊かに変わっていってほしい……そんな願いを込めて日々番組制作に取り組んでいる。……と、書いていたら、今回も自分の中の異物がまた一つ発芽した。これが「１００分de名著」制作の醍醐味なのである。

「語りの空間」を立ち上げる

「平家物語」　２０１９年5月／
ブルデュー「ディスタンクシオン」　２０２０年12月放送

破天荒な怪人による朗読と解説

そのとき……怪人がやってきた……。

これは別に江戸川乱歩の小説のパクリではない。そう、本当に「怪人」がやってきたのだ。

怪人の名は安田登さん。安田さんが弊社にやってきたのは忘れもしない２０１７年12月12日のこと。「１００分de名著」の講師候補としてお話をお聞きしてみたいとお呼びだてしたのだが……。

「実はぼくCGの会社を友人と立ち上げちゃいまして」「前職ではロルフィングをやってました」「高校時代にハンググライダーを自作しちゃったのが読書の魅力に目覚めたきっかけ」「故郷の漁師町の同級生はほぼみんなヤンキーで」……って、ちょっと待ってくれ。能楽師だってお聞きしていたのに、いったいあなたは何者？

その実体は、話題が変わるたびにカメレオンのようにくるくると相貌が変わる、怪人二十面相顔負けの超ド級の「怪人」だったのだ。

その破天荒ぶりは「平家物語」の回で遺憾なく発揮された。解説と朗読を一人で担う離れ業をやってのけたのは後にも先にも安田さんだけ。そのマルチな「語り」の迫力に、司会の伊集院光さんも度肝を抜かれていた。特に「橋合戦」のくだりの朗読は凄みすらあった。文章がもつリズムに合わせて、シーンごとにテンポが変幻自在に変わり続ける。合戦のクライマックスでは、脳内で武将たちの動きがまるでスローモーションのようにゆっくり動いて見えたと、伊集院さんは感慨を語っていた。

そう、安田さんの持ち味は、圧倒的な「語りの魅力」なのである。

「平家物語」はずっと読み込んでみたい古典だった。しかし、自分の中で「いったい誰に解説してもらったらいいのだろう」という迷いがずっとあった。もちろん専門の研究者にお願いする手もある。しかし、自分の中で、「この名著は、テキストとして読むというよりも、圧倒的に『語り』によって豊かになる物語だ」という直観があったのだ。

厳密なテキスト・クリティークではなく、豊かな「語り力」によって、視聴者の皆さんの中に想像力の空間を立ち上げられる「語り手」。そんな人を見つけることが「平家物語」の本質的な魅力を伝えるために最も大事なことだといつしか思うようになった。

しかし、本当に大切な人は、こちらからいくら探しても見つからない……というのが人生の理《ことわり》だ。ほぼ諦めかけていた頃に、ひょんなことから「その人」は現れた。きっかけはいくつかある。共通の知人である宗教学者の釈徹宗さんから「安田登さんという人は『怪人』ですよ。途方もない面白さをもった人で一度お会いになったほうがよいと思います」と助言をいただいていた。またほぼ同時期に批評家の若松英輔さんからも、安田登さんという人間の面白さについて、雑談の中でお聞きしていた。私自身も「日本人の身体」という著作は以前から愛読していたし、思想家・内田樹さんとの対談本「変調『日本の古典』講義」も興味深く読んでいる最中。いろいろな偶然が重なり、私の中で「お会いするタイミングは今だな」と思ったのをよく覚えている。

つまり、安田さんにお会いしようと思ったのは、最初から「平家物語」の講師をやっていただこうという意図があったからではなく「とにかく面白そうな人だから会ってみよう」ということだったのだ。だから、最初に安田さんとのお話の中で候補に挙がったのは、中国の古典「中庸」だった。これはこれでとんでもなく面白そうなお話だったのだが、企画を通すためのハードルが高そうだったので、もっとメジャーどころの名著を解説できないかと問いかけた。しばらく沈思黙考した後、安田さんの口からぽろっと出たのが「平家物語」だった。

意外な名著が飛び出してきたので、その瞬間はびっくりしたのだが、よくよく考えると、「平家物語」は「能」の題材に最も数多く使われている作品。能楽師である安田さんがその世界を奥深く知悉《ちしつ》しているのは当たり前。気を取り直してじっくり話をお聞きすることにしたのだった。

終始、安田さんからあふれ出る「語りの力」に圧倒され続けた。実は、安田さんの希望で、アイデア段階のブレインストーミングは四回を数えた。正直、この打ち合わせ、ずっと続けていたいなと、終わるのが惜しいくらいだった。そこで出たアイデアのことごとくが収録本番に噴出している。

安田さんの「平家物語」解説の肝は、「光の貴族」「闇の武士」というワーディングだった。非常に長いストーリーなので要約するのは難しいが、あえて安田さんの解説を交えて圧縮すると以下のような物語だ。

平忠盛が寺社を寄進したことを契機に昇殿を許され、平家一族は、繁栄への階段を駆けのぼる。後継者・清盛は着々と天皇家との姻戚関係を結び、国家の人事権をほしいままにするまでになる。公の場（光の場）で過去の資料を参照し続けることで政治を運営していた貴族に対して、「闇の力」をまとい闘争本能と先読みの力で事態の打開を図っていく武士たちが新たな勢力として台頭していく様子が、まさに「光」と「闇」の対比によって語られていく……というのが安田さんの見立てだ。まさに「光の貴族」対「闇の武士」の構図である。

最初は平家の力を利用して天下を治めようとした後白河法皇。平家の増長ぶりに怒りクーデターを起こすが、ものの見事に失敗。最終的には幽閉されることになる。ここで天下を我がものにしたかに見えた平家一門だが、清盛の病死によって坂を転がり落ちるように没落していく。「闇の力」を体現していた清盛の死を契機に、平家一門は、先読みの力ではなく、過去を参照するだけの貴族的存在になり果てていく。そこでは、繁栄への驕《おご》り、源氏勢力台頭の軽視、天地自然の流れの見誤り……といった、「武士としての平家」がもっていた「闇の力」の衰退が見事に語られていく。

平家は、京を追われ、浮草のように西国や瀬戸内海を漂い、やがて壇ノ浦へと追い詰められ、源氏との最後の海戦を挑むが敗れ去っていくのだった。このストーリーラインの各所に、「光の力」と「闇の力」の交代劇が見事に描き込まれているというのが安田解説の肝だ。

あらすじを追うだけだと簡単なように見えるが、各場面ごとに、想像力豊かな語りを駆使して、まるで目の前に出来事が展開しているかのごとくに語る安田さん。この能力は天才的で図抜けている。この人こそ、「平家物語」の魅力を語る語り手として私がずっと待っていた人だ、と、ブレインストーミングをする中で直観したのだった。

安田さんの語りの特徴は、一言でいうと、「リズム」と「身体性」だ。安田さんの語りの流れの中に身をゆだねていると、音や触感、映像といったものが、受け手の身体性を通じて立ち上がってくる。もちろん概念的な解説もしてくださっているのだが、こうした特徴ゆえに、聴いている人の脳内に登場人物たちの生き生きとした姿が動き出し、「語りの空間」「想像の空間」が立ち上がっていく。打ち合わせの段階でこうなのだから、きっと視聴者の皆さんにも、この安田さんの「語りの力」の凄みは伝わったのではないか。「平家物語」は知名度のわりに視聴率がとれない、出版物も売れないというジンクスがあったのだが、いずれも想像を超えたクリーンヒットを記録した。

スタジオに「語りの空間」を立ち上げる……「平家物語」のシリーズは、安田登さんのおかげで、私の中にあるスタジオ番組の理想の形の一端が実現したシリーズになった。この体験を契機に、番組における名著選定の発想の可能性が大きく広がった。

「語りの空間」……それこそが番組の成否を決する！

足しげくトークショーへ

それまで、どちらかというと名著ありきで講師を選んでいた。解説する名著をまず決めてから、それを解説してくれる講師を探すという段取りを踏んでいたのだ。名著を決めて、ひたすら関連書籍を読み続け、これぞという解説本を見つけてから初めて講師候補にアクセスする。だが、実はこの方法は当たり外れが大きい。素晴らしい書き手がそのまま素晴らしい語り手になるとは限らない。もちろん私は、どちらの人も深く尊敬する。だが、テレビは出版とは違うのだ。視聴者を惹きつけ、わかりやすい入り口からやがて名著の底知れぬ深みへと誘ってくれる「語りの力」をどれだけもち合わせているのか。これは書籍からだけでは決してわからない。

意を決した私は、トークイベントや講演会に足しげく通い始めた。数えてみると、実に年間五十回を超えている。週一回参加していたという計算だ。新型コロナ禍が起こってからは数は激減したが、それでも「これぞ」というイベントには参加するようにしている。その中で数々の「語り手」を発掘した。翻訳家・鴻巣友季子さん、小説家・小野正嗣さん、ドイツ文学者・松永美穂さん、哲学研究者・國分功一郎さん、ライター・武田砂鉄さん……数え上げればきりがない。いずれもずば抜けた「語りの力」をトークイベントの会場で実感した。

トークショー会場で必ず質問するようにもしていた（失礼なものいいになってしまうが、伊集院光さんの変化球的質問に対応できるかを見極める、パフォーマンス測定だった）。こうした作業を通じて実現させた企画は、いずれも「まずこの人に語ってほしい」という前提からスタートして名著を決めていったものだった。これを「講師からの逆算型企画」と呼んでいる。

中でも最も印象的だった講師が、フランスの社会学者ブルデューの「ディスタンクシオン」を解説してくれた社会学者の岸政彦さんだ。

岸さんに会ってみたいと思ったきっかけは「断片的なものの社会学」という一冊の本だった。

タイトルに惹かれて手にとったのだが、一読、ぐいぐいと引き込まれた。社会学の本といわれると、どうもそんな感じがしない。ではエッセイ集かというと、やはりそれだけでは尽くせず、底流に社会学的な思考がうねっていて、ときおり目が覚めるような発見がある。

不思議な本だった。読後に岸さんという社会学者に強烈に惹かれ、著作や雑誌に掲載される文章などをフォローし始めた。本音でいうと、何か解説したい本が先にあったわけではなく、岸さんという人に社会学の何かの本を解説してもらえたらいいな、という「講師候補が先にありき」だ。

そんな中で見つけたのが、ブルデュー「ディスタンクシオン」の帯についていた岸さんの推薦文。岸さんのキャラや書いていることが全然ブルデューとつながってこなかったので不思議に思っていたところに、「マンゴーと手榴弾」という新刊が出るタイミングで、トークショーが開催されるという情報が。同じく社会学者の北田暁大《あきひろ》さんとの対談形式で、新刊について語り合うという魅力もあって、足を運ぶことにした。

お二人のトークの面白さにまず圧倒された。それだけではない。話を聴きながら、私の中で、岸さんがどうしてブルデューに惹かれるのかといった疑問を解消したい気持ちが膨れ上がっていった。トークショー後半の質問コーナーで思い切って「どうしてブルデューなんですか」という質問をした。そのときに、「意外に思われるかもしれないが圧倒的な影響を受けた本」「大学二回生のときに一晩徹夜して夢中で読んだ」「ここに自分がいると感じた」という熱い言葉が飛び出してきた。どういう理由かはこの短い回答では得られなかったが、とにかく岸さんが「ディスタンクシオン」に大きく心を揺さぶられたことだけは、ひしひしと伝わってきた。

こうなると、もう気持ちが止まらない。トークショー終了後に早速名刺交換して、メールで更なる取材をオファー。調査などでお忙しい身なのでお会いするまでに数か月かかったが、その間にブルデューの著作や岸さんの著作をかなり読み込んで少しずつ共通性を感じるようになり、お会いする頃には、自分の中でも「岸さんにブルデューを解説してもらいたい」という気持ちが高まっていた。

大阪市内のファミレスで、ブルデューについて語り合ったときには、岸さんの中でおおよその解説の設計図ができあがっていた。しかもブルデューについて語る岸さんの熱量が凄かった。私が用意したたたき台のメモの上に、「こうしたら、ええんちゃうかなあ」と、さらさらと上書きしていくのを見て、これは絶対に面白くなると確信したのである。

ブルデューを読むと自分の話をしたくなる

この解説の面白さについては、番組やテキストをご覧になった人にはもう十分に伝わっていると思うので、ここで屋上屋を重ねるようなことをしないが、おそらく、今回の番組テキストは、これまでに存在していたブルデュー社会学の解説書の中で、最もビビッドでわかりやすい入門書になっているし、番組とともに、これを「航海図」がわりにしてもらえれば、ブルデューの非常に難解な著作の海の中でも溺れず、迷わず航海できるのではないかと確信している。

実は、俳優でミュージシャンの星野源さんが、ラジオや雑誌で、「ディスタンクシオン」の回の面白さを熱く語ってくれていたと後にお聞きし、「ああ、ここまで届いたんだ」と心嬉しくなった。

「ブルデューの本を読むとなぜかみんな自分のことを話したくなるんですよ」と、岸さんは、取材の際にも番組の中でも繰り返しおっしゃっていた。私自身も、岸さんとともにブルデューを再読するという稀有な体験の中で、「ああ、ここに自分がいる」ということを痛切に感じたし、家族の会話の中で、自分たちの履歴を語り合う場をもつこともできた。

幼少期に形成された私自身の「ハビトゥス」(傾向性)と、その後のさまざまな出会いの中での「ハビトゥス」の更新。それらが「今、ここ」に私を連れてきているのだ。そして、私の周囲の他者たち一人ひとりにも固有の履歴があるのだ。そう気づくことは、「どんなに異なった他者もないがしろにせず理解する」「どんな立場にいる人も自己責任論に追い込まない」といった視点をもつことを可能にしてくれる。しかし、悲しいことに、今の日本では、そうした視点をもちにくい空気や風潮がつくり出されている。

番組ラスト近くで発せられた「社会学は『あなたのせいじゃない』と言い続ける学問」という岸さんの言葉に打たれた。そういう意味で、今の時代こそ「社会学」は読み直されるべきだと思う。岸さんの「愛」と「熱」のこもった解説は、ブルデュー「ディスタンクシオン」を解説しながらも、最良の「社会学入門」になっていたと思う。

安田登さんや岸政彦さんのおかげで見出した、「語りの力」に注目した講師から逆算して名著を選ぶという「発想の大転換」。それは、番組を更に多様で豊かなものにしていく起爆剤となったのだ。

本棚は成長しゆく大樹である

エーコ「薔薇の名前」／西田幾多郎「善の研究」

２０１８年9月／２０１9年10月放送

南スーダンPKO日報隠蔽からのひらめき

「本棚が番組企画の源」だといったら驚かれるだろうか？　アイデアに詰まったらいつも、三十分ほど本棚に置かれた本の並びをじっと見つめることにしている。そして、やにわに並び替えを始める。本棚の編集だ。この作業を小一時間ほど続けていると、あるラインが見えてくる。なるほど、この本とこの本は深いところでつながっているじゃないか。そうか、この本とこの事実をつなげれば、いい企画になるかもしれない……。こうした作業から幾多の番組企画が生まれた。そう、私にとって本棚はアイデアを発酵させる坩堝なのである。

「１００分de名著」のプロデューサーを担当して今年で十年目。さすがにこれだけ長く担当しているとスランプに陥ることもある。右記の方法を見つけたのは、最初にぶちあたったマンネリ状況の只中でのことだった。

最近、定番すぎる名著を教科書的に解説してしまうようなシリーズが少しずつ増え始めていないか。今から五年ほど前、過去の番組のＤＶＤを集中的に見直す機会があって、そのことに気づき愕然とした。企画書がパターン化し始めている。このままではいけないとしばらくの間あがいた。あがいたところで答えは簡単に見つかるわけがない。これまでにない刺激を求めて、資料とにらめっこをするのをやめ、街歩きを始めた。……その瞬間は唐突に訪れた。

大手家電量販店の店頭でたまたま液晶テレビに映ったニュース速報。「防衛大臣が南スーダンＰＫＯ日報隠蔽の責任をとって辞任」。廃棄されたと発表されていた陸上自衛隊の日報が実は存在していた！　突発的なインスピレーションに打たれた。都合の悪い情報が権力によって隠蔽される構図って何かで読んだことがある……その本って何だっけ？

出会いがしらの情報が連想を呼び、私はそのまま書店へ駆け込んだ。探すこと一時間半。……あった！　見つかったのは社会問題の棚でもジャーナリズムの棚でもない。イタリア文学の棚！　その本の名前は「薔薇の名前」だ。

舞台は、キリスト教圏を脅かすかもしれない禁じられた本を隠蔽するために作られた修道院の図書館。物語の中で展開するテーマは、人間に対して光をもたらすはずの「知」が、支配者にとって都合の悪い情報を巧妙に覆い隠すという皮肉。エーコが現代イタリアで実際に直面した言論弾圧事件がモチーフにあることも取材でわかった。結果、番組でこの本を取り上げたシリーズは、まさに現代社会を映し出すようなビビッドな内容となった。

異質なものがぶつかり合う「出会いがしら」にこそ斬新な発想を生み出す鍵があることに気づいた。もちろん、こうした幸運はそうそう転がってはいない。試行錯誤しながら、必死で編み出したのが「本棚の編集」という方法だった。常識にとらわれない自由な連想で、本棚にある本をランダムに並べ替えてみる。何度も並べ替えていくと、本同士の偶発的な出会いが起こる。思ってもいないようなつながりが生まれ、想像を超えた発想が胚胎《はいたい》する。

ただし、こうした並べ替えの作業すらパターン化する。このパターン化を攪拌《かくはん》し、壊し続けなければならない。そのための武器として、編集され成長し続ける本棚にあって、不動の位置を占め続けている棚がある。通称「シャッフル棚」と呼んでいるこの棚に並んでいるのは、臨床心理学者・河合隼雄さんの著作と、精神科医・中井久夫さんの著作。期せずして「こころのお医者さんたち」の本である。

河合隼雄さんは「関連づけ」の天才だ。河合さんは、異質なもの同士の間に類似性を見出す術が凄い。だから私は河合さんの本を異質なテーマ同士の接着剤に使う。対する中井久夫さんは「徴候読み」の天才。河合さんとは逆に、中井さんは、普通は気づくことができない微細な差異を震えるような感性で感知する。類似した本の中から異なるテーマを見つけ出すのにうってつけだ。

そのときどきの行き詰まり方の状況に応じて、お二人の本のどちらかを選び、儀式のようにランダムに選んだページを読み始める。不思議なことに、一章くらいを読み終える頃には、脳内がシャッフルされ、打開するためのヒントが得られている。そして、パターン破りの本棚の編集が始まるのだ。何度お二人の本に助けられたことか。

本棚を並び替えて出会い直した西田哲学

「薔薇の名前」を番組で取り上げた直後、その河合隼雄さんの本の力を借りて、新しい本棚の編集を始めた。大仰で気恥ずかしいが、その並びの棚の名前を「近代の限界」と名付けた。仏教学者・鈴木大拙《だいせつ》の「日本的霊性」を読み直したのがきっかけだった。

今、私たちが直面している「近代」という時代の歪《ゆが》みや問題をあらためて考え直そうと、その問題意識に関係する本を並べ始めたのだ。自分と他者、自分と世界とを厳しく切り離して考える、この姿勢がまさに近代という時代の特徴だったのではないか。それをなんとか乗り越える方法を模索したのが「日本的霊性」ではないかと直観した。その周りには、柳宗悦《やなぎむねよし》、井筒俊彦、神谷美恵子といった思想家たちの本が並んでいった。いずれも、主客を分けることなく、他者のことを我がことのように考えようというモチーフをもった名著たち。その一角を占めたのが西田幾多郎《きたろう》「善の研究」だ。主客を明確に分離して構築されてきた西洋哲学を、「純粋経験」という主客を超えた概念で乗り越えようとした哲学者だという記憶が甦ってきたからだった。

西田幾多郎「善の研究」との初めての出会いは、大学生時代、哲学を研究していた頃のことだから、1980年代後半のこと。当時は、たとえば、哲学者・中村雄二郎さんによる「西田哲学の脱構築」といった書籍が出版され、現代思想やポストモダン思想の文脈と関わらせつつ西田哲学を読み解き直すという試みが各所で行われ、少しだけ西田幾多郎ブームのようなものが盛り上がっていた。

そんなブームに乗るようにして手にとった「善の研究」だが、正直なところを告白すると、序文を読み終えて、第一編に入ったあたりで挫折。「西田語」とも呼ばれる、その独特な術語に全くついていけなかった。結論部分だけでもと思って、かろうじて第四編のみを読み終えたことを今でもよく覚えている。

意外にも第四編は、するっと読むことができた。相当、我流な読みだとは思うのだが、おおよそ以下のようなことを主旨に書かれていた。

西田幾多郎は、「愛」という独自の概念で、「知」のあり方を根本から問い直そうとしていた。冷たく対象を突き放すのではなく、あえて対象に飛び込み没入していくことで対象の本質をつかみとる作用を「愛」と呼び、「知」の中にその作用を取り戻そうとしているのだと、読みながら感じた。もちろんわからない部分は多々あったが、自分の日常ともつながるような言葉がいくつか胸に刺さった。

それだけではない。若気の至りといった感もあるのだが、西田のこの「愛」という言葉に、私はやられた。この言葉に背中を押されるようにして、ドイツ語を選択していたにもかかわらず、当時心を揺り動かされたフランス現代思想を勉強したいという思いを諦めず、独学でフランス語を学びながら、メルロ＝ポンティというフランスの哲学者を研究することを選んだ。効率性という観点からいえば、これほど無駄な回り道もないだろう。しかし、その当時の私は、「愛」なくして「知」は生きえないという強い思いを西田から受け取っていた。

それは相当ないばらの道で、中途半端な語学力ということもあり、研究としては相当低いレベルのものしかできなかったが、後悔はなかった。「愛」をもって研究対象に向かえたという自負はあるし、そこで得たものは、今も、私の日常の中でしっかりと生き続けていると思う。いわば、西田幾多郎は、そんな大学生時代の恩人ともいえるような存在だったのだ。とはいえ、完読できていない中途半端な読者ではあるのだが……まったく……。

「善の研究」は最終章から読んでいく

そんなわけで、西田幾多郎はずっと気にかかる存在だったが、全く太刀打ちできない難解な哲学という学生時代の印象がトラウマとなって「１００分de名著」のプロデューサーに就任してからも「善の研究」に取り組むことには、及び腰だったということも告白しておく。

ご縁とは不思議なものだ。本棚に並んだ本を編集する中で、三十年以上の月日を経て、西田の著作と再会し少し読み返している最中のこと。批評家の若松英輔さんから西田幾多郎の話をお聞きすることになる。若松さんとは、公私ともにさまざまなことを相談する間柄で、番組についてのアドバイスも時々いただいている。ちょうどそのときも、今後取り上げる名著について相談していたのだ。

私の中では、若松さんにやっていただくとしたら、専門の一つでもある、東洋思想研究者の井筒俊彦かなと思って提案をしたのだが、若松さんから奇《く》しくも、「まずは、西田幾多郎の著作にしっかり取り組んだほうがよいのではないか」という提案をいただいた。井筒俊彦をやるにしても、柳宗悦をやるにしても、まずは、その源流ともいえる西田の哲学に最初にしっかりと取り組んだほうがよいというのが若松さんの意見だった。

よく覚えているのが、パリのノートルダム大聖堂火災の直後だったので、その話題が引き合いに出されたこと。どこか他人事のようにとらえていた私に、若松さんは「あれはキリスト教徒にとっては『母の家』が燃えているのと同じなんですよ。単に文化財が焼失したというレベルで見ていませんか」とおっしゃった。自分自身が、他者に対して、あるいは、さまざまな物事に対して非常にドライになっていると気づかされた。まさに、自分と他者、自分と世界を厳しく切り離して考える近代的な思考の病弊だった。

若松さんは、「主客未分の純粋経験」「絶対矛盾的自己同一」という言葉に代表される西田の思想は、そうした近代的な思考を乗り越えるための大きなヒントになるのではないかと教えてくれた。今、西田の思想を読み解くことは、現在進行形で進みつつある社会の厳しい分断に挑み、解決の糸口を見つけるときの一番ベースになる考え方につながるかもしれない。そんな確信がこのとき生まれたのだった。

「善の研究」を読む際に、末尾にある第四編から逆順に読んでいくのがよい……という方法も教えてもらった。西田が強靭な思考力で歩みぬいた過程は、問いの繰り返しであり常人には歩みがたい。けれども結論部分を実感的に読むのは意外にも容易で、頂上から降りていくように読み進めると、自ずと西田自身の言葉が語りだしてくると若松さんはいう。この言葉に、強く反応したのは、私が大学生時代、第四編をいきなり読んで、西田哲学の本質の一端を少しながらでも理解できたという経験を思い起こしたからだ。

ならば……とばかり、この斬新な読み進め方も含めて、若松さんに番組で指南していただこうとその場で決心した。

若松さんとの打ち合わせの中で、特に印象的だったのが、「西田哲学は決して日常を離れた思想的営為ではない」というポイントだった。「純粋経験」などというと、日常を離れた悟りの境地のようなものであり、私たち凡人には関係のない高尚な概念だと思いがちだ。だが、若松さんは、たとえば、料理をするとき、掃除をするときなど、私たちの日常生活の中にも「純粋経験」はあるという。絵画を鑑賞するような事例がわかりやすいだろう。私たちは、美術館で絵画を鑑賞するとき、ぱっと見てよくわからない場合は、まずキャプションから読もうとする。その解説を見て絵画を解釈しわかった気になろうとするわけだ。

西田であれば、これは「美の体験」ではないというだろう。私たちは、事前に得た知識や、好き嫌いといった嗜好、慣れや習慣などを通して、事物を見たり体験したりしがちだ。だが、幾重にも重ねた色眼鏡を通してものを見てしまうがゆえに、「そのもの自体」を見ていないと西田はいう。「純粋経験」とは、こうした色眼鏡を一つひとつ取り外して「じかに観る」ということなのだ。自分と対象の間にフィルターを置かず、その体験そのものに身を浸してみることで、そうすることで、私たちは世界の本質にもっと近づけるというのだ。

料理をする、掃除をする、仕事をする……といったときも、私たち自身が「料理するという行為そのもの」になりきる、掃除そのものになる、仕事そのものになる……そういう無我の境地になれたとき、あらゆる行為は、単なる効率や出来不出来を超えて、本当の意味で豊かで充実した体験となる……というのが、若松さんの解説から受け取った「純粋経験」のイメージだった。

日常を深めていく哲学

若松さんのおかげで、私自身、あれだけ難渋した「善の研究」をこの機会に完読することができた。西田の哲学は私たちの日常から全く離れていない。その日常をこそ深めていく哲学なのだということも、番組制作を通して知ることができたのである。

とはいえ、「善の研究」は、若松さんの解説を経ても、相当な嚙み応えのある著作だ。どうしても読み進められないときには、彼の随筆集から入っていくのも一つの手かと思う。実は「善の研究」のシリーズ終了後に行った本棚シャッフルの中で、ばらばらに買ってきた西田幾多郎の本、とりわけ随筆集が一か所に自然に集まってきた。無意識にだが、私は折に触れて西田の随筆を購入していたことに、今更ながら気づく。自分の読書歴をあらためて見つめ直せるのも「本棚編集」の面白さの一つだ。

西田の随筆は、論文とは全く異なる情感あふれる文章だ。でも読み方によっては、あの難解な「絶対矛盾的自己同一」という概念が難解な術語を使うことなく、さりげない日常の風景の中で語られていることに気づかされ驚く。「善の研究」を読んでしっくりいかなかった人は、西田幾多郎の随筆に触れることをおすすめする。人生の「悲哀」を嚙みしめ続けた西田の生の言葉は、きっとあなたの心の琴線に触れるに違いない。

あらためて思うが、私にとっての本棚は、常に成長し続ける大樹のようなものだ。枝それぞれが思わぬ方向に伸び続け、互いに絡み合い、驚くべき樹形を形成していく。出会うはずのないものが出会い、自分の脳内だけからでは決してひっぱり出せないアイデアが生み出されていく。きっと考えているのは、私ではなく、本棚なのだ。

一年半ほど前、ご縁があって尊敬する故・吉本隆明さんの書斎にある本棚を見せていただく機会に恵まれた。恍惚の瞬間だった。そして、それは見事な大樹だった。枝ぶりを見ていくだけでも連想が連想を呼び興奮した。きっと、吉本さんも、そのときどきの興味に応じて本棚を編集し続けたに違いない。本棚はかくありたい。

自分たちの足元から企画を考える

呉競《ごきょう》「貞観政要《じょうがんせいよう》」

2020年1月放送

自分を叱ってくれる本

ライフネット生命創業者で、立命館アジア太平洋大学学長の出口治明さんと初めてお目にかかったのは、「別冊ＮＨＫ１００分de名著　読書の学校」という番組スピンアウトの書籍企画のため、出口さんが桜修館中等教育学校で講義を行う……と耳にしたことがきっかけだった。出口さんの著作は、「リーダーは歴史観をみがけ　時代を見とおす読書術」などを愛読しており、一度お話をお聞きしてみたかったので、これは大きなチャンスだった。講義前の短い時間にもかかわらず、快く、初対面の私のぶしつけな質問に答えていただいた。

このときの講義は「西遊記」について。題材から勝手に「中高生向けに物語の面白さを軽妙に伝える講義だろう」くらいに、失礼ながら高を括《くく》っていたのだが、とんでもない！「西遊記」が生まれた背景から話が始まったのだが、いきなり地球的な規模の気候変動、文明史的なレベルでの諸民族の興亡などなど、想像を超える壮大で巨視的な話からスタートし、一気に魅了された。

しかも、十代の若者たちにも十分にわかるレベルに嚙み砕きながら、やがてこの物語のエッセンスを「仲間と生きることの大切さ」「旅が自分たちにもたらす豊かさ」といった、この時期の若者たちの生き方に直接響くような話題に巧みにつないでいく。その話術に圧倒された。聴き終わった後に、まだ取り上げる名著を決めていないにもかかわらず、「出口さんを講師にぜひ迎えたい」という思いに駆り立てられたのだ。

その後、二度にわたって、出口さんが学長をされている立命館アジア太平洋大学も訪ねた。驚かされたのは、私のほうでセレクトしたいくつかの歴史書の候補に対して、「何でもできますので、一番おやりになりたいものにお決めください」と笑顔でおっしゃったこと。論点案も即座にその場で出される。その教養の幅広さには舌を巻いたが、私のほうは、かえって迷い始めた。「どれでもできるとおっしゃるが、今、出口さんに語ってもらうのに一番いい名著は何だろう」。出口さんの著作やインタビュー記事をもう一度洗いざらい読み直してみようと決意し、かなりの数を読み漁った。

そこに繰り返し出てくる一冊の本があった。「貞観政要」だった。名前だけは知っていたものの、恥ずかしながら読んだこともないし、内容も全く知らない。気になったのは、出口さんがおっしゃっていた「私はこの本に今も叱られ続けています」という一言。ベンチャー系生命保険会社を創業し、見事に軌道に乗せた経営者が「今も叱られ続けている」? いったいどんな書物なのだろう?

最初に読んだのは抄訳版だったのだが、出口さんがおっしゃる意味がよくわかった。こんな古い時代に、今にも通じるようなリーダー論、組織論が展開されている。もちろんそのままではわかりにくいところも多々あるが、出口さんに解説してもらえば、企業で働く人、政界や官界で働く人、いやそればかりではなく、地域のコミュニティや家族の場でも活かされる豊かな知恵を、現代人にも応用できる形で読み解いていただけるのではないか? そんな直観が脳裏をよぎった。そう考えたのは、実は、そのとき私が直面していた、ぬきさしならない問題があったからだ。

サラリーマンのための知恵が詰まった名著

五十代も半ば近くになると、周囲の知人・友人たちも、部長やそれ以上のクラスの管理職を担っていることが多い。彼らの多くが、今、厳しい問題に向き合っているのだ。大きな企業ほど、「大企業病」とでもいうべき病に苦しんでいる。

代表的な病は、管理部門の行き過ぎた肥大化である。知人・友人には、書籍やWEBメディア、映像などのコンテンツを制作する人や、学術界で働いている人が多い。だから、五十代で管理職といっても、フロントラインで働いている人が多いのだ。彼らと飲みに行くと真っ先に愚痴が出るのは、報告書や提出書類のたぐいがびっくりするくらい多いこと。このご時世、企業や研究機関への世間からの視線は厳しい。「コンプライアンスの順守」の名のもとに、それが守られているかどうかを厳しくチェックする報告書がありとあらゆる場面で必要とされ、それに忙殺されて、肝心の学術研究やコンテンツ制作に手が回らないことが多いというのだ。それに伴って、そうした報告書類を管理・処理する管理部門がどんどん大きくなっているという。実際に商品やコンテンツを作り、お金を稼ぐために最前線で戦っている彼らがそのことに注力できず、雑務に追われて疲弊してしまうという皮肉な現象……。まことに本末転倒なことが起こっているのだ。

それに追い打ちをかけるのが、全く現場のことを知ろうとしないトップや部門リーダーが、思い付きのような形で進めようとする「改革」という名の現場破壊。それを支えているのは、たとえ現場のためにはならない改革とわかっていても、自らの保身のために忖度しまくり、指令をそのまま説明もなくおろしてくるイエスマンの側近たち。

目先の成果が上がれば上に対してのよい報告の種になるから、勢い、短期的な成果ねらいの派手な商品や企画だけが尊ばれ、これまで企業や研究機関として大切に育ててきた、公共的な価値が高く、長期的なスパンでしか結果の出ない大事な仕事が次々に滅ぼされていく。結果、長らくその企業の商品やコンテンツを愛してきた人々が離れていってしまうのだ。

同世代のサラリーマンや研究者たちが直面している悩み、苦しみは、こんな風にほぼ共通している。これは、今、日本全体を覆っている暗雲なのかもしれない。

楽しいはずの飲み会なのに、「おまえは名著の番組をやっているんだろう？　何かいいヒントをくれよ。このままじゃやりきれないよ」という愚痴を一方的に聞きまくるはめに陥る。そんなことといわれても、都合よく即座に応えてくれるような名著なんてないよ、とこっちまで愚痴になる。

……いや……あった！

そう、出口さんに教えてもらった「貞観政要」だ。今から千三百年前に編纂された本にもかかわらず、ここに書かれている事例は、今、まさに現代において起こっている問題ではないか。友人たちのため、いやこの世で同じ悩みに苦しんでいるサラリーマン諸君のために、この名著をきちんと解説し広めることこそ、今大切なのではないか。「貞観政要」のシリーズは、そんな自分たちの足元を見つめる中で生まれた企画なのである。

中国史上、最も安定した治世の一つを築いたといわれる、唐の第二代皇帝・李世民と彼を補佐した重臣たちとの間で交わされた問答をもとに編纂されたのがこの「貞観政要」だ。明治天皇や徳川家康が、ここから帝王学を学んだともいわれている。この名著が卓越したリーダー論、組織論といわれるのはなぜか？　その秘密は、李世民の政治に対する真摯な姿勢にある。彼は、自分の殺害を計画した人物さえ、その能力を認めて側近に取り立てた。また、臣下たちからの厳しい意見にもよく耳を傾け、自らの政治方針を常にチェックし、改善を続けていった。全十巻四十篇からなる李世民の言行録ともいえる「貞観政要」には、こうした彼の姿勢や日々の苦闘によって培われた、生きた知恵が豊富に盛り込まれているのである。

　読み進めれば読み進めるほど、ここに書かれている事例が、現代のサラリーマンたちが直面している問題と重なってきて空恐ろしくなる。そこで、同世代の管理職が抱える問題について丁寧に取材を重ねながら、その都度「貞観政要」と照らし合わせる形で、この本をどう論じたらよいかを考え続けた。出口さんへの取材内容とも突き合わせながら、現実の問題と「貞観政要」の内容を練り合わせるように企画書を作っていったのである。こんな風に企画書を作ったのは初めてかもしれない。

　たとえばこんな感じだ。

　他社にいる友人から聞いた、管理部門が異常に肥大化し、フロントラインが疲弊するという構図を見事に言い当てたたとえ話が「貞観政要」には出てくる。

　いわく「空腹を満たそうと思い、たくさん肉を食べた。けれど、その肉が自分の足の肉だとしたらどうだろうか。食べるたびに足が衰えて、いずれは立っていられなくなり、身を滅ぼしてしまう」。

これは、まさに企業を支えているフロントラインをないがしろにして、ぎりぎりと現場を縛りぬく仕事に血道を上げて肥大化し続ける管理部門を象徴するようなエピソードではないだろうか？　実際、そうした愚痴を発していた友人は、「こんなに昔の本が、どうしてこれほどまでに俺たちの状況を見抜いているんだ」と驚いていた。

出口さんはこのエピソードを受けて、リーダーや管理職、管理部門は決して偉いわけではない。あくまでも一つの「機能」だとわきまえるべきだと解説してくれた。かくいう出口さんも、社長という自らの立場を単なる「機能」だと自分に言い聞かせて、驕らないよう身を律していたという。とあるチームで仕事を回すために割り当てられた役割がたまたまリーダーであっただけで、その意味では、リーダーも部下も、チームにおいて単に違う機能を担っているだけという関係性にあると強調していた。この話を聞きながら、私自身も、プロデューサーとして襟を正すような思いだった。

ビジネス、生き方の最良の「ケーススタディ」

それから、忖度しまくるイエスマンの側近たちに囲まれて、現場を破壊する改革を進めてしまう「裸の王様」のようなリーダーへの処方箋も見事だ。

李世民は、先ほど触れたように、「諫議《かんぎ》大夫《たいふ》」という役職をあえて設け、自分にとって耳の痛い話を日々聞き続けたという。この役職、現代でもありではないだろうか？　実際、出口さんが社長時代には、役職こそつくらなかったが、そういう役回りの部下を近くに置いて、常に自分へのダメ出しをしてもらっていたという。ライフネット生命がなぜ短期間で大きく成長できたか、その秘密の一端を見たような気がした。

成果や利益のみを追い、長期的な視点でしか結果を見ることができない物事の大切な価値を破壊してしまうことへの批判については秀逸なエピソードが添えられていた。

昔、秦の恵王は、蜀の国を攻略しようとするが、その道順がわからなかった。そこで五つの石牛を作り、黄金をその牛の後ろに置いた。それを見て、蜀の人は、牛が黄金の糞をすると思った。蜀王はこの牛が欲しくなり五人の怪力の人を遣わせて牛を引いて蜀へ入らせた。その結果、牛を引きずった跡には、きれいな道ができあがった。秦はその道を使って蜀に攻め込み滅ぼしたという。

出口さんは、このエピソードを、後になって軍隊が攻めてくるかもしれないという長期的な視点をもたず、目先の利益に飛びついたことで大事な価値を失ってしまったことを戒める教訓だと読み解く。その上で、これからのリーダーは、長期、短期の効果を正しく見極める「時間軸」を判断基準にもつことが何より大切だと解説してくれた。

出口さんの解説を聞いて、私自身も刺し貫かれた。果たして、自分は同じような罠に陥っていないだろうか？　周りがイエスマンばかりになっていないか？　長期的な視野で番組のことを考えられているか？　管理することばかりに目を奪われて現場の士気をそぐようなことをしていないか？　ふっと気を緩めると、惰性の中でずるずるとそんな状況に落ち込みそうになっている自分を発見する。出口さんのおかげで、「貞観政要」が自らの姿を映す鏡のような役割を果たしてくれるようになった。

更に、この「貞観政要」は社会を見る眼も鍛えてくれた。今の世の中では、組織をよくしようとあえて苦言を呈してくれる部下たちを、敵対勢力とレッテル貼りして、仕事を奪って干してしまうリーダー、嘘の上に嘘を塗り重ねて消費者の信頼をいっぺんに失ってしまう企業の不祥事、現場の人々との対話を全く行わず一人勝手なルールや改革を押し付けたあげくに企業全体を衰亡させてしまう管理職などなど、「貞観政要」に描かれた李世民の姿勢とは正反対の事例に数多く出くわす。この本は、社会のあり方を測る「ものさし」としても使えるのだ。

出口さんは、「貞観政要」がビジネスや組織運営、生き方などにおける最良の「ケーススタディ」になると指摘する。この本を読めば、リーダーと部下の関係はどうあるべきか、理想のリーダーになるためには何をなすべきか、困難に直面したときどう振る舞えばよいのかを予行演習することができるともいう。真の教養とは、ものをたくさん知っているということなどではなく、このように現場に活かしていくものではないだろうか。出口さんの仕事に取り組む姿勢を拝見しながら、そう痛感した。

現実にサラリーマンたちがぶつかっている問題から企画を考えるという発想の大転換が、番組に新しい流れを生んだ。私も今、出口さんに倣って、「貞観政要」を机上の片隅に常に置いておき、困難に直面したときにはまず開くことにしている。仕事の現場への古典の活かし方……それが番組を通して出口さんからいただいた最大の贈り物だと、今、思っている。

第五章 名著のイメージを刷新する

名著の蘇生

シュピリ「アルプスの少女ハイジ」　２０１９年６月／
コッローディ「ピノッキオの冒険」　２０２０年４月放送

二次創作による「読んだ気」

名著がもともともっていた豊かな力を復元させることが必要だ。そんなことを、プロデューサー就任五年目頃から折に触れて思うようになった。いや、「復元」などというとおこがましいかもしれない。そもそも名著は、大きな力を、今この瞬間にももち続けているのだから。復元するまでもなく、私たちが、その力を忘れているだけのこと。その最大の原因は、私たちがその名著を「読んだ気になっている」ことだ。

「読んだ気になってしまう」きっかけの最たるものが、原作の優れた二次創作が世を席捲し、原作以上に有名になってしまうことだろう。映画化、漫画化、アニメーション化……さまざまな手法で、優れた名著は再生産される。それは決して悪いことではないし、期せずして原作を超えた魅力を胚胎してしまうことすらある。だが、その結果、その二次創作のイメージが世間に定着してしまい、原作の魅力がいつしか忘れられてしまうことが往々にしてあるのだ。

私は、「100分de名著」という番組のミッションの一つが、こうして忘れられてしまった原作の魅力を掘り起こし、あらためてその豊かさ、力強さを再発見してもらうことにあると考えるようになった。そして、その作業を「名著の蘇生」と呼んでいる。この第五章では、そうした事例を紹介しながら、「名著を蘇生させる」ことの意味を考えてみたい。

アニメにはなかった恐るべき過去

「名著の蘇生」という言葉を最初に嚙みしめることになったのが、ヨハンナ・シュピリ作「アルプスの少女ハイジ」との出会いだった。その出会いは期せずして訪れた。数々の名訳で知られるドイツ文学者・松永美穂さんをお訪ねしたときのことだ。

個人的に、松永さんの新訳によるヘッセ「車輪の下で」とリルケ「マルテの手記」に惚れ込んでいたので、まずはいずれかの解説をしてもらえないかという想定での訪問だった。だが、いずれの著作も話を聞くだに一筋縄ではいきそうにない代物であることがわかる。

考えあぐねていた私に「『アルプスの少女ハイジ』はどうでしょうか？」と提案してくれたのが松永さんご本人だった。当時、雑誌の連載で「アルプスの少女ハイジ」第一部をずっと翻訳してきたという。そのコピーをいただいて読んだのだが、これが実に瑞々しい翻訳だった。

それだけではない。

かつて私もアニメーション版の「アルプスの少女ハイジ」を夢中になって観ていた一人。原作の中身もおおよそ想定内のストーリーだと高を括っていた。ところが、松永さんと打ち合わせを続ける中で、想像を超える内容だということがわかってきたのだ。

ストーリーをご存じない読者のために、簡単にあらすじをご紹介しよう。

孤児となり叔母デーテに育てられたハイジは、やっかいばらいのようにしてアルムの山小屋にひきこもるおじいさんのもとへ預けられる。暗い過去をもち人間嫌いとなり果てていたおじいさんは、当初こそ心を閉ざしていたが、天真爛漫に明るさをふりまくハイジに魅了され心をほどいていく。しかし蜜月は長くは続かない。デーテの身勝手によってハイジはフランクフルトに連れ去られ、おじいさんから引き離されてしまう。足の不自由な良家の少女クララ・ゼーゼマンの話し相手を申しつかるハイジは、彼女と友情を育んでいくが、執事ロッテンマイヤーの厳しい躾《しつけ》やアルムの大自然とはかけ離れた過酷な都市の環境は、やがてハイジを心の病へと追い込んでいく。ハイジはその後数奇な運命をたどっていく……というのが大まかなあらすじである。

まず驚いたのは、アニメーションではほとんどディテールが描かれていなかったアルムのおじいさんの恐るべき過去。かつて賭け事やお酒で全財産を使い果たし傭兵《ようへい》になって姿をくらましたというのだ。作品前半は、この暗い過去をもつおじいさんが、ハイジとの出会いを通して、大きく改心していくというのがストーリーの肝だった。

その他にも、クララの医師であるクラッセン先生が実は後半の物語の鍵を握っていること、ハイジの友人ペーターの中に深い心の闇があり嫉妬に駆られて暴力性を発動することなど、驚きの連続。アニメでは描かれない意外な事実が描かれていることをお聞きし、私自身ますます原作の魅力にのめりこんだ。松永さんから丁寧な解説を受ける中で「この物語は、大人にこそ読んでほしい豊かな文学性にあふれている」と確信し、番組で取り上げることを決意したのだった。

番組制作を通して、個人的に最も印象に残ったのは、やはり医師のクラッセン先生だった。妻や子どもを亡くして深い喪失感を抱いているクラッセン先生の心が、山でのハイジとの対話で浮かび上がってくるシーンは胸がしめつけられる。そのクラッセン先生が、山の美しい自然、おじいさんとの友情、ハイジの優しさに触れながら再生していく姿には、アニメーションだけでは感じることができなかった深い感動があった。

更には、ラストで幼いハイジのこれからを支えるために、自分自身が養父になることを告げるクラッセン先生の姿には、血がつながらなくても築くことができる新しい家族像を垣間見ることもできる。今、現代人の私たちが生きる上で学ぶべきヒントがたくさん込められていると深く感じ入った。

もちろんアニメーション作品も素晴らしかったのだが、それで読んだ気になっていた私は、番組制作の機会がなかったら、原作のもつ、とてつもない豊かさに出会うことはなかっただろう。「名著の蘇生」……そんな言葉がふっと胸中に浮かび上がってきた。

そうだ、既存のイメージや偏見に覆われて見失われてしまっている名著の魅力を蘇生させることも、この番組の大きな使命ではないか。「アルプスの少女ハイジ」の回を制作することで、私は、名著を取り上げるための新たな視点を与えてもらったのである。

数奇な運命から誕生した名作

同様のことを更にスリリングな形で体験したのが、「ピノッキオの冒険」のシリーズだった。ご存じの通り、「ピノッキオの冒険」も、ディズニー映画をはじめ数多くの優れた二次創作がなされている。

たとえば、私が小学生の頃、「樫の木モック」というアニメーションがあった。今でもテーマ音楽を口ずさめるくらいに親しんだアニメーションだったが、この作品がイタリア児童文学の名作「ピノッキオの冒険」の翻案だと知ったのは、それから数年後、ＮＨＫで放送された同名の海外ドラマを観たとき。「樫の木モック」の快活さとは打って変わって、ドラマ版「ピノッキオの冒険」は、独特の哀愁が通奏低音のようにドラマ全体を貫いていたのを今でも記憶している。同じ作品がベースなのにこうも印象が違うのはどういうことなのだろう。子ども心にそう思ったものだが、その記憶はどこかに封じ込められたままだった。

その記憶が鮮やかに思い出されたのは、イタリア文学者・和田忠彦さんとお会いしたことがきっかけだった。和田さんが「ピノッキオの冒険」の新訳を進められているとお聞きし、一度お話を聞いてみようと思ったのだ。

和田忠彦さんにこのときお聞きしたあらすじを、ざっとご紹介しておこう。おそらくディズニー映画で慣れ親しんだ人には、意外と思われる部分が多いのではなかろうか？

一本のまるたん棒がジェッペットさんによって加工され、あやつり人形に組み立てられる。ところが制作の途中から暴れ出すこの人形は人間のコントロールを全く受け付けない。ジェッペットさんにピノッキオと名付けられかわいがられるも、束縛は嫌だとばかりに逃げ出してしまう。自由を得たものの、数々の試練につきあたるピノッキオは、やがて彼の持ち金を狙うネコとキツネ一味につるし首にされ、一度死んでしまうのだ。

実は、当時、借金の返済に追われていた作者コッローディが返済金目当てで子ども雑誌の連載を引き受けたのがこの「ピノッキオの冒険」誕生のいきさつだった。ちょうど十数回連載したところで借金の返済を無事終えた彼は、面倒くさくなって、無理やりピノッキオを殺すことで物語を終わらせようとしたのだ。なんとも驚くべき顚末！

ところが、ここが天才のなせる技。それまでの物語があまりにも面白かったのだろう。読者の子どもたちから連載を続けてほしいという歎願が多数寄せられるのだ。これを受けて、しぶしぶ連載が再開される。世界の名作といわれる「ピノッキオの冒険」が、こんな数奇な運命によって誕生したのだから驚きだ。

一度死んだかに見えたピノッキオを助けるのは、ディズニー映画でもおなじみの「空色の髪の仙女」。試練に陥るたびに手を差し伸べてくれる仙女に触発されて、ピノッキオはいつしか「人間になりたい」という夢をもつように。しかし、彼女のたびたびの助言もむなしく、何度も自らの欲望に負けてしまい、騙《だま》されて一年中遊び惚けられるという「おもちゃの国」へ。そこで、とうとう一匹のロバになってしまう。果たしてピノッキオは、人間になることができるのか……といったところが結末となっていく。

「ピノッキオが途中で死んでしまう」というストーリー展開も驚きだったが、和田さんからお聞きしたピノッキオ像のディテールは、もっと驚くべきものだった。アニメーションから思い描いていた愛らしいキャラはどこへやら。忠告をしてくれるコオロギをいきなり殺してしまう暴力性、何度も懲りずに誘惑に負けてしまう奔放な欲望、しまいには「ぼくは生まれつき働くのに向いていないんだ」と言い出す始末。筋金入りの悪童であるピノッキオは、既存のイメージを粉々に破壊してしまった。

にもかかわらず、このキャラクター、どうにも憎めないのだ。こんなにいい加減なやつなのに、びっくりするくらい素直ですぐに騙されてしまうし、自分を犠牲にしても友達を守ろうとする心の温かさをもち合わせている。読んでいるうちに、「ああ、人間ってこんな風に矛盾をはらんだ存在なんだよなあ」としみじみ思うようになっていった。

和田さんとの打ち合わせを終えた後、最初に述べた疑問が氷解したような思いがした。この、なんとも矛盾に満ちあふれたピノッキオは、読む人によっていろいろな顔を見せてくれるのではないか。だからこそ「樫の木モック」のような善良な少年少女のための明るく楽しい物語になったり、名匠ルイジ・コメンチーニ監督の手にかかれば、哀愁漂う、どこか悲劇的な香りのするドラマにもなりうる。「ピノッキオの冒険」の最大の魅力は、こんなに多様な解釈を許容する「懐の大きさ」だったのだと合点がいったのだ。そして、「ここはぜひ、イタリア文学・文化に造詣が深い和田さん流のオリジナルな解説を見てみたい」と思い、和田さんに解説をお願いすることにしたのだった。

アニメと原作で大きく違うラストシーン

和田さんによる愛のこもった「ピノッキオの冒険」解説は、きっと視聴者の皆さんに新鮮な発見の数々をもたらしてくれたことだろう。私自身もたくさんの発見をさせてもらった。その最たるものがラストシーンだった。ディズニー映画にしろ、他のアニメ作品にしろ、ほとんどの二次創作では、ラスト、心を入れ替えたピノッキオは、まるで蛹《さなぎ》が蝶になるように、あやつり人形から人間へと文字通り「変身」する。いろいろな作品を見てきた私は、このラストは原作に忠実なのだろうと思い込んでいた。

違うのだ！

いや人間になることには変わりない。だが「変身」するわけではない。ある朝目覚めると、唐突に人間になっているのだ。しかも、部屋の傍らには、人間になったピノッキオとは別に、あやつり人形だった自分の体もそのまま置かれている！　和田さんの訳で引用してみよう。

「ほら、そこにいる」

ジェッペットはそう答えると、椅子によりかかっている大きな木の人形を指さした。見ると、頭を片方にかしげ、両腕をぶらんとたらし、足は真ん中でからまって曲がっていた。よくいままでまっすぐ立っていられたものだ、と不思議に思えてくる姿だった。

ピノッキオはふりむいて、しばらく人形を眺めていた。

（NHKテキスト「100分de名著　コッローディ『ピノッキオの冒険』」）

このシーンは「ピノッキオは、良い子になって人間になることができました。めでたしめでたし」というラストでは決してない。「よくいままでまっすぐ立っていられたものだ」というつぶやきにも似た感慨には、いたずらや悪行の限りを尽くしたピノッキオ自身の人生を温かく肯定的に見つめる視点が絶対に入っている。「悪い子だったピノッキオ」を必ずしも否定していないのだ。いたずら好きでだらしないところも含めて子どもという存在をまるごと肯定しているように、私には思える。単なる「良い子になりましょう」という教訓話ではないのだ。

このように、和田さんと一緒に、原典のもつ「原石的な魅力」を磨き上げ、こびりついた偏見、二次創作によって加えられたイメージなどを丁寧に取り除いていくと、名著がもっていた恐るべき力が再び立ち上がってきた。まさに「名著の蘇生」である。

このラストシーンの再発見によって、私に迫ってきた作者コッローディの思いを、かなり私の勝手な解釈が入るが、最後に書かせていただきたい。それは、本書のタイトルでもある「名著の予知能力」に相通じるものでもあると感じられるからだ。

ピノッキオという存在は、近代以前に確かに存在していた、古きよきイタリア人の姿ではないか。人がよくって、涙もろくて、マザコンで、困ったときには互いに手を差し伸べあう。そのくせ、人一倍欲望に弱く、歌に、踊りに、料理に、ワインに、うつつをぬかす。働くことなんてまっぴらで、できれば朝からおいしいワインを飲んでいたい。実はこれは、かつて知人だったイタリア人の一人から私が勝手に思い描いたイタリア人像だ（そんな人ばかりではないことはもちろん存じ上げている！）。わがままで享楽的で、賢《さかし》らなお説教になど絶対耳を貸したくない。でも人生を心の底から楽しんでいる。そんな存在が、私たち一人ひとりの心の中にも住んでいるのではないだろうか？　いわば、これは、近代文明が置き去りにしてきた「人間のもう一つの理想像」ではないかと私には思えてきた。

ところが、イタリア統一後に、巨大な産業文明がどっと流れ込んできて、こうした牧歌的で温かく、享楽的でイタリア的なものが、コッローディが生きた時代には、押し流されようとしていた。ピノッキオが出会う、さまざまな出来事の一つひとつはそのことを象徴しているように思えるのだ。極貧状態のピノッキオが物乞いをしても「働かざるもの食うべからず」といって絶対に恵んでくれない「働きバチの村」の人々、ルール無用で無実の人たちを引っ立てていく憲兵たち、怪しい金儲け話をもちかける悪辣《あくらつ》な詐欺師のネコやキツネ一味。これらは当時のイタリアに渦巻いていた暗黒面を象徴しているように見える。

相互扶助によって支えられ、人々の温かさによって包まれていた社会が、近代のもつ暗黒面に蹂躙《じゅうりん》されていく。こうした状況に対して、もちまえの想像力で大人社会の欺瞞《ぎまん》に痛烈な一撃をくらわす。そんなコッローディの隠された意図が、私にはぐいぐいと伝わってきた。

翻って、この時代を生きる私たちは、こうした状況を他人事だと笑っていられるだろうか？

子どもたちの貧困や経済的弱者たちに何ら有効な対策を打てない政治、法律やルールを自分たちの都合でいいように捻じ曲げる大人たち、嘘をついても何ら恥じることのない厚顔無恥な人々……今、世界を見渡すと、実は「ピノッキオの冒険」に出てきたような悪辣な登場人物は至るところにいるのではないだろうか？

単なる児童文学と思っていた「ピノッキオの冒険」は、原典に立ち戻り丹念に磨き上げていく作業によって思ってもみない相貌を現してくれた。「ピノッキオの冒険」は、十九世紀後半のイタリアの人たちの物語であるだけではなく、今を生きる私たちの物語でもあるのだ。「名著を蘇生させる」というのは、こういうことなのだなと深く実感する体験だった。この章では、こうした「名著の蘇生」体験について引き続き書いてみたい。

通説を揺るがし、常識的な読みを解体する

ミッチェル「風と共に去りぬ」　2019年1月放送

楽しく読める小説で番組は成立するのか?

前節では、名著が本来もっているにもかかわらず、さまざまな偏見や後世のイメージづけによって見失われてしまった豊かな力を取り戻す作業を「名著の蘇生」と名付けて、今一度振り返ってみた。この作業は、「100分de名著」という番組の中でも大事なミッションの一つだと再確認するとともに、「名著の蘇生」という言葉を発見するかなり前から、この作業を無自覚にやってきたのだということも、思い起こした。

「ハイジ」や「ピノッキオ」の事例では、主に二次創作によって植えつけられたイメージや偏見を丁寧にそぎ落とし、原典のもつ「原石的な魅力」を磨き上げていくことで、名著本来の豊かな力を取り戻すという作業のあり方を紹介したのだが、実は、もう一つ、別の方法があったのだ。

それは、「通説を揺るがし、常識的な読みを解体する」という方法。もう少しいうと、「通

説」に縛られない「新たな角度」を見つけ出すこと。いうは易し。この「新たな角度」を見つけることが、なまなかのことではできない。私自身、毎回難儀するところだが、優れた講師との出会いで、この角度が、あっけなく見つかってしまうことが多々ある。その事例をこの節ではご紹介したい。それは「風と共に去りぬ」という、以前は全く取り上げるつもりがなかった作品の事例である。

「風と共に去りぬ」の講師を担当してくれた鴻巣友季子さんとの出会いは、「翻訳対談」というタイトルで行われた、翻訳家の古屋美登里さんとのトークショーの会場だった。メモによれば２０１７年９月11日とあるから、もう五年以上も前のことだ。

それまで研究者や作家を講師として招いたことはあるのだが、専門の翻訳家を呼んだことはついぞなかった。ただ翻訳文学好きだった私は、原文と取っ組み合い、その一つひとつの言葉の深い意味を探りながら格闘し続けている翻訳家の人たちがどのように名著を読み解くかには、かねて大きな関心を寄せていた。

鴻巣さんの翻訳は、ノーベル文学賞のＪ・Ｍ・クッツェーの諸著作や、古典では、エドガー・アラン・ポーの作品などで親しんでいたので、どのような語りをされる人なのかという興味でトークショーに参加した。

期待にたがわず、ビビッドな語り口で魅了された。確か、その感想をＳＮＳでつぶやいたのをきっかけに、鴻巣さんとのやりとりが始まったと記憶する。ぶしつけながら、鴻巣さんに講師としてポーの作品か「風と共に去りぬ」を解説いただけたらとのメッセージをお送りしたところ、興味をもっていただき、お会いすることになったのだった。

鴻巣さんが「風と共に去りぬ」を新訳したことを知ったのは、恥ずかしながらその段階から一年ほど前のことで、「風と共に去りぬ」の回の番組制作を担当してくれたディレクターが、今後取り組んでみたい作品のアイデアリストに挙げてくれたことがきっかけ。「へえ、新訳が出てたのか。しかも鴻巣さんが」と少し驚いた。どちらかというと純文学寄りの翻訳が中心の人だと思っていたからだ。

ところが一読して、なぜ鴻巣さんが新訳にチャレンジされたか深く納得。これまでにない瑞々しい文体。リズミカルでぐいぐい読み進めていける心地よさ。

え？　「風と共に去りぬ」ってこんなに面白かったの？……という新鮮な体験だった。ヴィヴィアン・リー主演の映画があまりにも有名なのでストーリーをご存じの方も多いかもしれないが、簡単に振り返っておこう。

舞台は南北戦争前後のアメリカ南部。大農園主の長女スカーレット・オハラは、愛するアシュリの婚約を知り告白するも彼の心を覆すことはできない。当てつけに彼の婚約者メラニーの兄チャールズの求婚を受け入れる。ところが南北戦争の勃発で、スカーレットたちの運命は大きく翻弄されていく。チャールズの病死、アトランタへの移住、そして彼女のその後の生涯を左右するレット・バトラーとの再会。更に、北軍の勝利は、スカーレットの家族と故郷タラをこれ以上なく荒廃させ、どん底の中で彼女は起死回生を誓う。その後、生きぬくために金の亡者と化すスカーレット。数奇な運命の中、彼女はバトラーとの再会を繰り返し、二人はついに結婚する。しかし、その結婚は更なる悲劇へと二人を追い込むのだった。

あらすじだけを追ってみると、要は、スカーレット・オハラの一大ラブロマンスだ。しかも鴻巣さん新訳の圧倒的なリーダビリティによって、更にエンターテインメント感が倍増して誰に教えられずとも楽しく読めるようになったこの本を、今更番組で解説する必要はあるのだろうか。実は、鴻巣さんと打ち合わせの約束はしたものの、番組で解説する論点が果たして見つかるのか……という一抹の不安は抱き続けていた。

その不安は、鴻巣さんにお会いして吹き飛んだ。ＮＨＫの食堂でお茶を飲みながらの打ち合わせだったのだが、途中カップをもつ手が止まってしまった。

「映画では全然目立たなかったメラニーがカギなんですよね、この小説って」

「自由間接話法を使った高度な文体戦略がこの小説の面白さを支えているんですよ」

「この小説って実は後ろのほうから書かれていて、そのことがわかると意外なことがわかるんです」

次々と読み解きのアイデアが鴻巣さんの口から飛び出してくる。私はその間、ずっと心の中で「おもろい」という言葉を繰り返しつぶやいていた。

「第二芸術論」で知られるフランス文学者の桑原武夫は、とんでもない研究者に出会ったときに「おもろい」という言葉を発したという。「頭がいい」でも「できる」でもなく「おもろい」。これが桑原の最上級の褒め言葉だった。哲学者・鷲田清一さんが何かの著書で紹介していたエピソードだ。

「頭がいい」や「できる」は既存のものさしで測られた評価でしかないが、「おもろい」というのは、これまでの通説やそれが依《よ》って立つ基盤そのものを揺るがし、場合によっては解体してしまうような兆候を感じ取ったときに発せられる言葉だという。

鴻巣さんとの対話は、まさにこの「おもろい」を連発してしまうような体験で、「風と共に去りぬ」を取り巻く通説ががらがらと音を立てて崩れさっていく、快感に満ちた時間だった。

トランプ政権までつながる南北戦争以降の暗部

聞き終わった瞬間に、「これは確実におもろくなるな」と確信をもった。その面白さは、番組をご覧になった方々はすでにおわかりだろうが、そのうちの代表的な論点をご紹介しよう。

鴻巣さんによれば、南北戦争後の「再建時代」を描いたパートは、一種のディストピア小説として読むことができるという。南北戦争で北軍が勝利し、奴隷解放や平等社会の実現などという形で、理念上はユートピアが到来した。ところが、ユートピアには必ず暗部がある……というのが鴻巣さんの見立てだ。ユートピアはディストピアと表裏一体で、行き過ぎた理想の追求によってどこかに必ず歪みが起きて、抑圧されるものが必ず出てくるというのである。

南北戦争の新たな体制の中で、スカーレットは、過酷な追徴課税措置によって、故郷であるタラの土地や家屋敷から家や土地を奪い去られそうになる。「いまやゲームのルールが丸ごと変わってしまい、まじめに働いても正当な見返りは得られない時代」だと描写されるほどだ。新しい支配層の都合でルールがころころ変わり、不正選挙が行われ、内部で汚職が横行。戦争に負けた側がさらされる不当逮捕、リンチ、略式裁判……その一方で、誓約書にサインをして体制に忠誠を誓えば優遇されこの世の春を謳歌できる。スカーレットは、まさにこの矛盾の間で引き裂かれた存在だったのだ。

こうして見ると、アメリカの北部と南部との間に大きな分断が生まれたのがこの時代だったという事実も浮かび上がる。今まであまり描かれることのなかった南北戦争以降の「再建時代」の暗部が「風と共に去りぬ」には克明に描かれているのだ。更にいうと、トランプ政権時代に奇しくも炙り出された、アメリカの白人貧困層の闇の部分や、根深い同国民同士の分断が、この時代に淵源をもつのではないかとも思えてくる。

そして、このことは決して他人事ではないと思う。極端な排外主義の横行、それを煽り立てることで求心力を高めようとする政治手法、勝ち組たちがマイノリティの意見を数の論理で封殺する風潮、異なる政治スタンスの人と対話するのではなく排撃して貶めることで盛り上がるＳＮＳ……そんな状況がここ何年も世を席捲している。論壇では「分断」という言葉がキーワードのように語られ続けている。同じ国にいながらにして人々が深く分断されている……あるいは、隣り合った国同士でも恐るべき溝が両者を分断し始めた。こうした状況は、「風と共に去りぬ」で描かれたディストピアと酷似しているのではないかと思われてならなかった。

通説でいえば、「二大ラブロマンス」「歴史大河ロマン」といったエンターテインメント小説と見られがちな「風と共に去りぬ」が、「ディストピア小説」という「新たな角度」を鴻巣さんに与えてもらうことで、これまで唱えられてきた通説の数々ががらがらと崩れ落ち、「風と共に去りぬ」がもつジャーナリスティックな魅力が見事に浮かび上がってきた。名著を「常識的読み」の枠組みから解放する……これもまた一つの「名著の蘇生」といえるのではないかと、深く実感する体験だった。

最後にもう一つ、付け加えておきたい。鴻巣さんの語りの魅力、そして文章の魅力を物語るキーワードは「全身」だと思う。その解説には、「頭」だけでなく、「全身」からあふれ出すエネルギーが感じられる。その秘密とは何か？

鴻巣さんはご自身のことを「全身翻訳家」と呼んでいるが、全身で作品に没入し、最深部まで潜ってその細部を味わい尽くし、再び水面に浮上してきて、私たちが表面的にしか読めていなかった、作品の深部にある「宝物」を届けてくれる……私は、そんなイメージで鴻巣さんのお仕事を眺めている。だからこそ、常識を揺さぶるような「新たな角度」を提示できるのだ。

「風と共に去りぬ」の解説には、そんな「宝物」がたくさんちりばめられていた。

私自身も、番組企画に取り組む際には、「全身プロデューサー」でありたい……いつも、そう願っている。

SFは哲学である

小松左京「虚無回廊」

2019年7月放送

「この広大無辺な宇宙にあって人間存在にはどんな意味があるのか」

「思想的営為」としてSFを見つめたい

皆さんは、今までこんな問いを発したことはないだろうか？　私は高校時代に小松左京という作家に出会って、今までに考えたことがなかったこんなことを問い始めた。大学の哲学科に進学したことも、小松左京との出会いが一つの遠因になったと思う。「結晶星団」「神への長い道」「果しなき流れの果に」といった作品は、もちろんその問いに完璧に答えてはくれないものの、「人間存在」を巡る形而上学的ともいえる問いを思索するための大きな導きの糸を与えてくれたのは間違いない。

そんな中で連載が始まったのが晩年の代表作「虚無回廊」だった。「さっき、〝私〟が死んだ」という強烈な一節から始まるこの小説は、私の心を鷲摑みにした。

地球から5・8光年の距離に突如出現した長さ2光年、直径1・2光年という驚異的なスケールの筒状物体「ＳＳ」。その構築物の謎を解明すべく、科学者・遠藤はＡＩを超えた「人工実存（ＡＥ）」を開発。はるかな空間を超えて遠藤と接続し体験を共有する、いわば遠藤の分身たるＡＥが探査に向かう。しかし、遠藤は途中で死亡。接続を断たれたＡＥは、遠藤から独立した人格として、独自に探査を続行することになる。

とうとう「ＳＳ」に到着するＡＥ。そこで、同じくＳＳの謎に惹かれた数多くの異星生命体と遭遇し、対立と協力を繰り返しながら謎に挑んでいく。しかし、とてつもない謎を秘めたこの人工天体は彼らの解明を拒み続ける。人類の知性をはるかに超えた存在に出会ったとき人間に何ができるのか？　そんな問いをこの作品は投げかけている。

「いったいこの小説は、私をどこへと連れていってくれるのだろう。この先を読めば、きっと『私』という存在がこの宇宙に存在する意味とは何かを考える上で重要なヒントを与えてくれるのではないか」。毎号を、わくわくしながら心待ちにしていたことを懐かしく思い出す。だが、連載は長らく中断されたままに。……そして、この小説は未完のまま終わった。小松左京の死を知ったとき、深い悲しみとともに、「ああ、この作品の続きは永遠に読めないのだな」と、やるせない気持ちになった。

いきなり、どうしてこんなエピソードを書き始めたのか？　実は、「名著の蘇生」に関わる大事なポイントがあるからだ。あらすじからもわかっていただけると思うのだが、「虚無回廊」というＳＦ作品は、小説の形をした「哲学書」ともいうべき深さをもっているのだ。小松左京という名前から、多くの人が「日本沈没」を思い浮かべ、スケールの大きなパニック小説などを手掛けるＳＦエンターテインメント作家だと思われる人も多いかもしれない。だが、私の中では、物語の形をとりながら、哲学的な思考を深めていく、戦後有数の大思想家というべき存在だった。

この作品が問いかけてくれた「大きな問い」について、いつかもう一度深く考えてみたい。そして日本ＳＦというものの到達点の一つが小松左京作品であり、彼が中心になって築かれていった日本のＳＦ作品群が戦後思想の中でも特異な光を放っている存在だということを明らかにできたら……そう願い続けて五年近く。

いわば、その願いは、日本ＳＦというジャンルのイメージを大きく刷新し、単なるエンターテインメントというジャンルとしてだけでなく、本格的な思想的営為として見つめてみたいというごく私的な目論見だった。それは、私の中では、これまで書いてきた「名著の蘇生」という作業の一環でもあったのである。

２０１９年７月、ついに「１００分de名著　小松左京スペシャル」という番組制作を通じて、その願いの一端がかなった。この問いを一緒に深めていただいた講師の評論家・宮崎哲弥さん、ゲストのＳＦ作家・瀬名秀明さんに心から感謝したい。

「実存的問い」をくれる小松左京作品

宮崎哲弥さんを講師に起用しようと思ったのは、「追悼　小松左京　日本・未来・文学、そしてＳＦ」というムック本に掲載されていた、宮崎さんと東浩紀さんの対談記事を読んだのがきっかけだった。論じられている作品が私の関心にジャストミートして大いに刺激されたものの、いささか短い内容だったため、そこで展開された論点についてもっと深く知りたいと考えて一度お会いしてみようと思ったのだった。

軽い気持ちで、某ホテルのラウンジで宮崎さんと初めてお目にかかったのだが、その際の宮崎さんの語りの熱量が凄かった。すでに宮崎さんの中には、番組全四回で紹介したい作品ラインナップと論点の構想がおおよそ出来上がっていた。本音をいうと、講師候補は他にも数人いたのだが、このときの宮崎さんの圧倒的な語りの熱量と、論点の的確さに、私自身が惚れ込んでしまったというのが起用の最大の理由だ。

特に、宮崎さんの問題意識に深く共鳴した。私自身も年来のＳＦファンだったのだが、どうも世間では、「空想科学小説」という訳語のイメージもあって、「ＳＦなんて所詮科学を道具立てにした娯楽小説だろう」という不当に低い評価が蔓延している。こうした偏見を覆したい。

小松左京の作品群はそのための絶好の素材であり、ＳＦのもっている豊かな可能性を網羅している稀有な存在だ。彼の代表作を論じることで、ＳＦ、とりわけ日本ＳＦのイメージを大きく変えることができるのではないか。そうした企みが私の中にあった。

全く同じことを、異なった観点から感じていらっしゃったのが宮崎さんだった。ＳＦという文学の奥深い可能性について、番組テキストではこんな風に語られている。

> 世界の存在理由、宇宙の存立構造を解き明かすことで個々の実存の意味を定める、という古来「神話類」が果たしてきた役割を、近現代において担ってきたのはＳＦなのです。元来、広義の文学は神話説話や宗教叙事詩を含み、かかる機能性を具備《ぐび》していたのですが、近代文学の成立とともに「神話類」が駆逐されてしまいます。（中略）
>
> 近代において「神話類」が退場した後の空位を、「サイエンス」やテクノロジーのリアリティを用いながら占めていったのがＳＦだったのです。
>
> （ＮＨＫテキスト「１００分de名著『小松左京スペシャル』」）

これは、まさに私がＳＦを読み始めた頃から感じ続けてきたことだった。「私は何故にここにこうして存在するのか」「私はどこからきてどこへ行くのか」「私を有らしめているのは何か」、そして冒頭に掲げた問い、「この広大無辺な宇宙にあって人間存在にはどんな意味があるのか」。こういった実存的な問いを、一部の作品を除いて、日本の戦後文学の多くは私に全く問いかけてくれなかった。こうした問いをつきつけてくれた作品こそ小松左京作品であり、その輝きは今も全く失われていない。宮崎さんに解説をしてもらえば、こうした小松作品の魅力、ひいてはＳＦというジャンルの豊かな可能性を浮かび上がらせることができるのではないか。最初の打ち合わせのときに、そう直観したのだった。番組、とりわけ「虚無回廊」の回をご覧いただいた方は感じてくださったと思うが、その目論見は果たされたと確信している。

未完となった「虚無回廊」のラスト近く、一匹の亀が雪山聳《そび》えるはるか対岸を目指して凍てつくような湖を泳ぎ渡りきろうとする光景が描かれる。それは、ＡＥが見た幻視であり、ＡＥは、この亀と一体になっているようだった。

> 孤独で、長い、身も意識も凍りつきそうな、「亀である私の意識」の前に、対岸の雪におおわれた巨大な岩がせまって来た。しかし、その岩の水際には、大きな、かすかに湯気を放つ洞窟《どうくつ》が、ぽっかりと口を開け、私はその洞窟にむかって懸命《けんめい》に泳いで行くのだった。洞窟の奥に、何か別の次元のものがあるような予感にせかされながら。
>
> （「虚無回廊Ⅲ」小松左京著、ハルキ文庫）

そそり立つ雪山は、この物語の中では、巨大な天体ＳＳを、そして亀はその謎に挑むＡＥを象徴しているのは間違いないが、私は、それが、宇宙の根源的な謎、私たちがここに存在していることの謎にぶつかりながらも、恐れることなく問い続ける、私たち人類の姿を象徴しているように思えた。立ち向かいようのない巨大な謎に対して、正解が出ないことに絶望することなく、怯《ひる》まずに挑み、問い続けること。ここで描かれた小松のイメージには、ちっぽけな私たち人類の存在への圧倒的な肯定があると感じられたのだ。

作品は未完に終わったが、このラストでよかったのではないか。正解や腑に落ちるようなラストシーンなどなくてよい。

「ちっぽけな人間として無限に問い続けよ」

それが小松左京が私たちに遺してくれた遺言ではなかったか？……小松は、かつて文学についてこんな風なことを語っていた。

人間は、文学、物語というものをどうして編み出したのか。やはり何か人間性の大きな肯定が、文学を志すものの基本的な心構えの中に要るだろうと思うんだね。

（「小松左京自伝―実存を求めて」小松左京著、日本経済新聞出版）

小松左京は、阪神・淡路大震災の被害に直面し、人間の文明の限界にぶつかって一時うつ状態になってしまい、この「虚無回廊」を書き続けられなかったとも、一説ではいわれている。だが、小松は、何度もこうした挫折にぶつかりながらも、心の底の底には、「人間性への圧倒的な肯定」が脈打っていたのではないか。この言葉を引き受けるように、宮崎さんとゲストの瀬名秀明さんは、番組の中で次のように語ってくれた。

瀬名「小松さんにとってＳＦというのは、未来の文学だったんですけども、未来の文学という言葉にはいくつか意味があって、『未来を描くこと』でもあるんだけど、『未来を創る行為そのもの』がＳＦだという考え方がきっとあったはずです。（中略）僕は小松さんの本を読みながら、未来を創るってどういうことなのか、未来を創る作家の生き方ってどういうものなのかというのを教えてもらった。それが小松左京さんだという風に考えています」

宮崎「我々はやっぱり想像しなければならない。ぼやぼやしていてはいけなくて、一生懸命想像しなければならない、未来をね。想像というのはイマジネーションですよ。そう、イマジネーションがクリエイションにつながっていくわけですよ」

この二人の言葉を決して忘れることはないだろう。

私たちは、小松左京を受け継ぐ形で、未来を想像＝創造していかなければならない。それこそが彼の遺産を真の意味で活かしていくことになるのではないだろうか？

余談になるが、この回の番組テキストは、「第五十一回星雲賞ノンフィクション部門」を受賞した。ＳＦファン以外にはあまり知られていないかもしれないが、歴史ある偉大な賞だ。宮崎哲弥さんは、受賞の第一報を、いち早く携帯電話で知らせてくれた。

「秋満さんなら、この賞の価値はわかるよね、こんなに嬉しいことはめったにないよ」

宮崎さんの声が、嬉しさで上擦っていた。

何のしがらみもなく、ＳＦファン一人ひとりの手によって自発的に選ばれる「星雲賞」を受賞できたことは、年来のＳＦファンの一人として、これ以上光栄なことはない。小松左京、半村良、筒井康隆といった歴代受賞者は、私の思春期の感性を育ててくれた恩人というべき人々……この歴史ある賞の名に恥じないよう、ＳＦ、とりわけ日本ＳＦの深みと底知れない魅力をこれからも掘り起こしていきたい。これこそが「名著の蘇生」という、私自身の大事なミッションの一つなのだと、深く自覚した瞬間だった。

決して抹香臭くない仏教

「日蓮の手紙」

2022年2月放送

仏教界の圧倒的曲者、日蓮

「名著の蘇生」というミッションの中で、最も心を砕いたジャンルが「仏典」「仏教書」といわれるジャンルだ。現代の日本では、仏教というと、どうしても「葬式仏教」というイメージが強い。仏典やお経といえば、お葬式のときにお坊さんが読み上げる呪文みたいなやつでしょ？ という人も多いのではないか。仏教全般が「抹香臭い」と形容される所以である。

仏教の深い哲理をベースに独自の思想を紡いできた、鈴木大拙や柳宗悦ら偉大な思想家たちの著作に若い頃から親しんできた私は、このイメージを、なんとしても払拭したいと、プロデューサー就任当時から願っていた。「法華経《ほっけきょう》」「維摩経《ゆいまきょう》」「涅槃経《ねはんきょう》」といった仏典や、「歎異抄《たんにしょう》」「正法眼蔵《しょうぼうげんぞう》」といった鎌倉仏教の名著を積極的に取り上げてきたのには、そんなねらいがあった。

中でも圧倒的な曲者《くせもの》は、日蓮ではないだろうか。「日蓮」という名前を聞くと、「四箇の格言」に見られる厳しい他宗批判や、戦前に「国家主義イデオロギー」に利用されたことなどから、どうしても「戦闘的」「攻撃的」「過激」というイメージがつきまとう。私自身は、高校時代、キリスト教思想家・内村鑑三の主著「代表的日本人」に書かれた日蓮像が初めての出会いだったので、比較的偏見なく日蓮のことを見つめることができていた。それどころか、同じ鎌倉仏教の中でも論述されることが多い親鸞や道元に比べて、日蓮についての言及が少ないことを不思議に思っていた。

もちろん日蓮宗各派やさまざまな宗教団体からの書籍はたくさん出ている。だが、たとえば、仏教学者・鈴木大拙が「日本的霊性」で禅と浄土仏教を詳しく論じたがごとく、あるいは思想家・柳宗悦が晩年自らの美学を浄土仏教と重ねて論じたがごとく、一級の思想家として日蓮を思想的に論じるといったことがあまりなされていない。私の知るところ、思想的な観点から日蓮が本格的に論じられたのは、上記の「代表的日本人」以外では、宗教学者・姉崎正治の「法華経の行者日蓮」くらいではないかと思う。日蓮の思想を西洋哲学的な視点も踏まえて立体的に描き出した好著だ。

私個人は、特に日蓮が書いた手紙には、心惹かれていた。番組で「日蓮の手紙」を紹介した回ではフィーチャーできなかったが、「法華経を信ずる人は冬のごとし冬は必ず春となる」「御みやづかいを法華経とをぼしめせ」といった文言は、強く心に響いていた。世でいわれているような、過激で原理主義的な日蓮ではなく、そこには、徹底して一人ひとりに寄り添う姿が浮かび上がっていた。

「あらゆるいのちの絶対的平等性」という画期的視点

そんな折、「１００分de名著」の「法華経」シリーズで、仏教思想研究家の植木雅俊さんと一緒にお仕事をする機会に恵まれた。その際に植木さんの著書を数多く読ませていただいた。印象的だったのは「法華経」を論じる際に、日蓮の言葉を数多く引用していることだった。もちろん日蓮は「法華経の行者」だから、当たり前といえば当たり前なのだが、サンスクリット語による原始仏教の読み込みや「法華経」「維摩経」の研究を中心にされている植木さんが「なぜ鎌倉仏教の日蓮に？」という疑問は、正直なところあったのだ。

話をお聞きすると、植木さんの中では「釈迦→法華経→日蓮」という流れが、根幹において、はっきりと通底しているようだ。それら全ての思想は「あらゆるいのちの絶対的平等性」という思想的水脈でつながっているという画期的な視点だった。番組で「法華経」を思想的に論じることで「人間に潜在する豊かな可能性に光を当てる法華経の哲学的側面」を解き明かしていただいたように、日蓮の言葉や行動を、思想的に深めて論じていただければ、これまで注目されてこなかった日蓮の豊饒《ほうじょう》な人間哲学が浮かび上がってくるのではないかという思いが湧いてきた。

とはいえ、「日蓮の手紙」は抄訳はあるのだが、分量的に論じるのに必要なだけのボリュームをもった本や、宗派色がつかないプレーンな形で編纂された現代語訳はほとんど見あたらない。そこで、植木さんと何度かお会いしていく中で、「次の研究は、日蓮に本格的に取り組まれてはいかがですか。私は特に『日蓮の手紙』が素晴らしいと思っているんです。現代語訳などに取り組まれると、私としてもアプローチしやすくなるのですが……」と不遜ながら提案させていただいたのを覚えている。

そんな雑談のことも半分忘れてしまっていた二年半後。「『日蓮の手紙』の現代語訳がかなりできてきましたよ」と植木さんからご連絡をいただいたのが、２０２０年の冬頃。素人ながらの提案でもあったし、たくさんの著作を抱えていらっしゃる植木さんの事情も知っていたので、まさかこんなに早くに取り組まれるとは……と、植木さんの情熱の深さに圧倒された。出版社の了解を得て早速ゲラを拝見したが、現代語訳はもちろんのこと、付されている解説の分量と質が半端ではない。しかも、これまで出ている現代語訳や解説書ではわからなかった背景や事実がたくさん書かれている。これは、もはや単なる現代語訳にとどまらない「一級の研究書」だ。心が躍るような内容だった。

これだけあれば、この本におさめられていない手紙も含めて、縦横に「日蓮の手紙」を論じていただく基盤が十分にある……と判断し、新たな論点や角度も更に加えて、日蓮生誕八百年にあたる2022年2月に放送する企画を立ち上げたのだった。

既存のイメージを覆すために、植木さんと相談しながらいろいろな工夫をこらしたおかげで、日蓮のネガティブなイメージは、ことごとく振り払われたのではないかと思う。とりわけ印象的だったのは、女性たちへの手紙についての解説だった。鎌倉時代、根強い家父長制や数々の迷信・偏見のために、女性たちは厳しい差別にさらされていた。日蓮は、極めて合理的なロジックで迷信・偏見を断罪し、「男女差などではなく人間性こそが大切なのであり、豊かに生きる女性たちこそが主役なのだ」と粘り強く女性たちを励まし続けている。「いのちの絶対的平等性」を説く法華経をベースにした日蓮の人間哲学が、植木さんの解説のおかげで非常にクリアに伝わってきた。

更に、植木さんによる手紙の深い読み込みによって、日蓮の生涯についても大きくイメージを変えてもらった。番組で展開された解説の視点から、その生涯を振り返ってみよう。

法華経こそ末法の時代に苦悩にあえぐ庶民たちを救う最高の経典だと確信した日蓮は、二度の流罪をはじめとする迫害にも屈せず「法華経の行者」としての生涯を貫く。そんな彼を支えたのは何だったのか？　「日蓮の手紙」を読むと、彼が法華経の中に見出した神髄がにじみ出ている。一人ひとりのいのちの絶対的平等性と尊厳性を徹底的に擁護し、その可能性を引き出していくことを教えた法華経の人間観や生命観。それは人々を支配しようとする権力にとっては都合が悪く危険なものだった。それを広めていくと必ず迫害を受けるとも経文には記されている。彼は迫害を受ければ受けるほど自身の正しさが証明されると感じ使命感を深めていったのだ。

宗教界の暗部に切り込む日蓮の闘い

　こうして彼の生涯を支えた思想を振り返ると、過激とも思われた他宗批判が、実は極めて真っ当な理由から発せられたものだということがわかるだろう。鎌倉時代の仏教界で一大勢力を誇っていた宗派の多くが権力に取り入ることで生き残りを図っていた。いわば、宗教界は、権力と対峙するのではなく、癒着することで保護されていたのだ。結果、何が起こるのか？　本来、民衆を幸福にすることを目的としているはずの宗教が、利権をほしいままにし、その利権を守るために、逆に民衆を迫害したり、苦しめたりすることに加担してしまうのだ。まさに現在進行中の「カルト宗教と政治の癒着」の問題を髣髴《ほうふつ》とさせ、時代は移り変わっても同じ現象は繰り返されるのだなと、末恐ろしくなる。

　日蓮は、そうした宗教界の暗部に対して、真正面から切り込み、その悪を断とうと言論戦を展開したのだ。タブー破りともいえる日蓮の闘いは、民衆を支配したいという権力側や、そこと癒着し保身を図っていた宗教界にとっては、非常に都合の悪いものだった。日蓮が権力側、宗教界側から、執拗に弾圧・迫害を受けた理由が、植木さんの解説によって腑に落ちた。厳しい状況にさらされていた民衆たちに、日蓮が絶大な人気を誇った理由もようやく理解することができた。「攻撃的」「戦闘的」といわれる日蓮は、実は悪逆な権力に対する際の顔であって、民衆たちに寄り添う際には、限りない慈愛にあふれていることも、「日蓮の手紙」を読むとよくわかる。

更に、あえてエピソードを一つ付け加えると、私は、この番組を制作するにあたって、植木さんに無茶ぶりをしてしまった。それは、「日蓮の死生観についてぜひ解説してほしい」というリクエストだ。

「日蓮の手紙」やその思想を読み進めるにつけ、「なぜ日蓮は弟子たちの死やその家族の死にここまで徹底して寄り添うことができるのか」「なぜ日蓮は相次ぐ迫害に対して、死を恐れず全く怯むことなく行動することができたのか」「日蓮自身が病身の中、何の惑いも苦しみもなく、飄々《ひょうひょう》と自らの死を受け入れているように見えるのはなぜか」といったことがどうしても理解できなかったのだ。そこには、何らかの深い死生観があるに違いない。そう思った私は、それを法華経の専門家である植木さんにぜひ解説してほしいとお願いしたのだ。

ハードルの高いリクエストにもかかわらず、植木さんは「霊山浄土《りょうぜんじょうど》」というキーワードをもとに、日蓮の死生観を見事に明らかにしてくださった。

日蓮は、生と死が生命の二つのあり方であると考えた。波が生まれたり消えたりしても海そのものがなくならないのと同じように、人間はあるときは生きているというあり方をとり、あるときは死というあり方をとるだけで、その人の「生命本体」は一貫していると日蓮はいう。日蓮がいうところの「生死不二」という死生観に立つとき、私たちは死というものと本当の意味で向き合うことができるのではないか。私自身、この日蓮の「死生観」を通して、人間は病や死とどう向き合っていけばよいかを考える上で、大きな示唆を得ることができた。

新型コロナ禍における人々の分断、身も心も何かに追われ生き方を見失いがちな競争社会、そして、暴力と冷酷さで人々を引き裂く戦争……なす術もない苦悩や悲嘆に直面せざるを得ない現代にあって、「日蓮の手紙」を読むことは、生き抜いていく上での示唆や教訓を得る貴重な機会になると思う。

仏教は決して抹香臭い、古びた思想ではない。そのことをわかっていただくためにも、ぜひこの番組をきっかけに、「日蓮の手紙」の一文でもよいので読んでもらえると、企画者としてこれ以上の幸せはない。

第六章　時代を見つめるレンズの解像度を上げる

問い続ける人間

ファノン
「黒い皮膚・白い仮面」

2021年2月放送

「問い」をやめるということは

長年、番組制作を続けていると、「奇跡」ともいうべき瞬間に立ち会えることがある。大げさに感じられるかもしれないが、事前に準備した台本にも、打ち合わせ時にも決して出てこなかったような言葉が、その場、その時間でしかありえないような形で現れてくることがあるのだ。黒人差別の問題に取り組んだ精神科医、フランツ・ファノンの「黒い皮膚・白い仮面」を取り上げたシリーズ第四回で、そんな言葉に出会うことができた。この著作を締めくくる、ファノンの「おお、私の身体よ、いつまでも私を、問い続ける人間たらしめよ！」という言葉について、司会の伊集院光さんがこう語ってくれたのだ。

「問い続けることをやめるってことは、『答えが出たと思う』か『諦める』かのどちらかになるのではないか。でも、『諦める』ことは完全な分断だし、『答えが出たと思う』ことは偏見だと思うんですよ」

あまりにも鮮烈な言葉に講師の小説家・小野正嗣さんは、「伊集院さん、もう一回いってください」と思わずお願いをした。そこに重ねるように伊集院さんは語ってくれた。

「『諦める』ということは、『この人のことをもう知らなくていい』ということなので、完全な分断だと思うんです。そして、『答えが出た』ということは、そこで『偏見』が完成することだと思う。だから、一番大切なことは、『問い続ける』ことで、『よかれと思っていったことがもしかしたら傷つけているかもしれない。じゃあ、こういういい方をしたらどうなんだろうか』と思い続け、自分をバージョンアップし続けることではないでしょうか」

体に電気が走るようだった。この言葉を聞いて。

このシリーズを通して一番伝えたかったことを、凝縮して伊集院さんが語ってくれたことへの深い感謝が湧き上がってきたとともに、この言葉は、講師の小野正嗣さんの真摯な問い、安部みちこアナウンサーの丁寧なサポート、関係したスタッフ全員が準備してくれた場があって、それらが化学変化を起こしたからこそ現れた言葉だと実感した。この言葉は、この先ずっと私の心の中に生き続けることだろう。

いきなり生々しいエピソードから書き始めてしまったことをお許しいただきたい。第六章のテーマは「時代を見つめるレンズの解像度を上げる」だ。いったい、テーマとこのエピソードがどう関係しているか、戸惑われている読者も多いだろう。

「レンズの解像度を上げる」という比喩を、番組企画作成時にいつも思い浮かべては実感している。数十年から数百年も前の古典の名著をひたすら読み続ける作業の中で、不意に、ぎゅっとレンズのピントが合うように、現実に起こっている問題がクリアに見えてくることがある。名著の中の言葉が現実と重なり合い、今まで見えていなかった「構造」がくっきりと像を結ぶのだ。

そう、名著は現実を見るためのレンズの働きをする。だが、長い年月の中で、汚れや埃にまみれ、そのレンズが曇ってしまっていることもよくある。企画化のプロセスは、このレンズを磨き上げては現実と照らし合わせ、解像度を徐々に上げていく作業と似ている。高解像をもつに至ったレンズを出演者の皆さんに手渡すことができれば、企画者の私にすらまだはっきり見えていなかったものを出演者が唐突に見出してくれるということも起こる。冒頭のエピソードは、その実例といってもいい。

とはいえ、そんなレンズを見つけ出すことが最も難しい。名著の多くは、一旦忘れ去られ、原石のような状態で眠っていることが多いからだ。今、まさに起こっている出来事の構造をクリアに見せてくれるレンズが眠っている場所を探す。ここが企画書作成の一番の肝になる。鉱脈と思えるような名著をかたっぱしから試掘する。間違って掘り進むこともある。コツがあるとすれば、全方位に感覚をオープンにしておくことだ。一見、石ころにしか思えなかった名著が一瞬きらっと光を見せることがある。そこを見逃さないこと。光はちょっとした偶然の出会いや差し込んできた一瞬の太陽光によって、不意に浮かび上がってくることも多いから。フランツ・ファノン「黒い皮膚・白い仮面」は、そんなプロセスの中から見つけ出した本だった。

差別を「自分事」としてとらえられる本

きっかけは、２０２０年５月25日、アメリカで黒人男性のジョージ・フロイドさんが白人警官に殺害された事件だった。それからずっと、この事件のことが心から離れずにいた。その後、国や立場を超えて「ブラック・ライブズ・マター（ＢＬＭ）」という運動が世界中に広がっていく。一部、過激な暴動に発展し批判も巻き起こったが、運動の中核部分は非暴力が貫かれていた。人種差別的な暴力によって犠牲になった黒人たちの名前を記したマスクをつけて試合に臨み続けた大坂なおみさんの抗議活動にも注目が集まった。私自身も、自らの置かれた立場で何ができるかを考え続けていた。たとえば、キング牧師の「自由への大いなる歩み」や、「自由への長い道　ネルソン・マンデラ自伝」といった著作が人種差別の問題を考えるのに好適ではないかと。

そんなとき、作家・小野正嗣さんが新聞紙上に発表した文芸時評に目がとまった。小野さんはＢＬＭの動きに呼応するように、差別の問題をその時評で主題化していた。それは次のような言葉で締めくくられる。

> 警官に膝《ひざ》で首を押さえつけられ、母に救いを求めながら亡くなった人の姿に、僕たちが深く動揺するのは、彼が人種差別の犠牲者であると同時に、虐げられ辱められた者だからだ。彼の命とともに僕たちの中にある〈人間〉も辱められたと感じるからだ。〈文学〉は、人種や言語の壁を越えたそうした普遍的な痛みをつねにその懐に宿し、決して忘れない。
>
> （２０２０年6月24日「朝日新聞」文芸時評）

この文章に深く心を揺さぶられた。……とともに、一人の思想家のことが頭に浮かんだ。「差別」の問題を大所高所から語るのではなく（つまり「他人事」ではなく）、自分事としてとらえるためには、あの人の本しかない。瞬間的に思い出したのが、フランツ・ファノンだ。

ファノンの名前は、学生時代、哲学者サルトルの「黒いオルフェ」という文章を読んで知った。当時「人類の知的遺産」という、作家や思想家の生涯と主要著作が手際よくまとめられた全八十巻のシリーズが大手出版社から出ており、その七十八巻目で、フランス文学者・海老坂武さんがフランツ・ファノンの思想と人生について実に見事に整理している。この著作に大変な刺激を受けて「黒い皮膚・白い仮面」の原典も読んだ。大変難解な本だったが、若きファノンの心の叫びが聞こえてくるような強い印象をもった。

ファノンは仏領マルティニーク島で生まれた、アフリカからこの地に連れてこられた奴隷を祖とする黒人。裕福な家庭に生まれた彼は、若き日、かなう限り白人のフランス人に同化しようとした過去をもつ。ファノンが例外なわけではない。この島では、エリート階層の人々は、徹底してフランス語で教育され、白人と同じ文化を吸収していく。いわばフランス共和国人として自らのアイデンティティを確立していくのだ。たとえば、映画「ターザン」を観るときも、白人であるターザンに感情移入し、アフリカ大陸に住む黒人たちを野蛮な悪役として見下しながら楽しむのだ。アフリカ大陸の黒人と、マルティニーク島に住む自分たちは違う！　というわけである。

第二次大戦中には、ナチスの暴虐から、自由、平等という共和国の価値を守ろうと志願兵となり、北アフリカの戦場で白人たちとともに戦う決意をしたファノン。ところが、ここで過酷な現実にぶつかる。最前線で戦うのはアフリカ大陸に住むセネガル人。マルティニーク島などアンティル諸島出身のファノンたちは、士官として彼らに命令を下す立場だ。セネガル人兵士たちを野蛮な人々としてどこか見下してしまうファノン。だが、白人側から、ファノンたちはセネガル人と同様に差別的に扱われることを知る。「白人」の側にいると自認して疑わなかったファノンは、自分もセネガル人と同じ「黒人」「ニグロ」として差別されることを初めて強烈に意識させられるのだ。自分もセネガル人たちを差別していた立場だっただけに、この気づきは、二重の意味で自己否定だったに違いない。

ファノンは戦後、医学を志し、フランス本土のリヨン大学へ進学する。しかし、どれだけ努力しようとも差別はやまない。「黒人なのにフランス語がお上手ね」「黒人なのにハンサムじゃない？」……周囲のフランス人から無自覚に発せられる差別的な言葉を浴び続ける。

フランス本国で圧倒的な疎外感にさいなまれた彼は、やがて精神科医となり、なぜこのような差別が生まれるのかという問題を精神医学・心理学・哲学などを武器にして徹底的に解明しようとする。その集大成が「黒い皮膚・白い仮面」なのだ。

古今の文学や思想を渉猟しながら、ファノンは、差別する側の心理的防衛機制だけでなく、その差別の構造を内面化し自発的隷従に陥ってしまう黒人の側の心理的防衛機制をも明らかにしていく。それは、かつてファノン自身が陥っていた状況なのだ。彼は、いわば、自らの身を抉るようにして、どうやったらその差別構造を乗り越えることができるのかを指し示そうとするのである。

「今しかない」ジョージ・フロイドさんの死

初読から三十年、まさかこのタイミングでファノンの著作に再会するとは思わなかった。実は、ファノンの企画書を書くことにした時点から遡ること一年半前、大江健三郎「燃えあがる緑の木」の解説を小野さんに依頼した際、最初の候補に挙がったのが、フランツ・ファノンだったのだ。特に、ファノンは小野さんに決定的な影響を与えた人だということも聞いていて、私もその機会に読み直しを始めた。ただ、どのタイミングでこの本を取り上げるかについては迷いがあった。しかし、それから一年以上がたって、ジョージ・フロイドさんの死と、小野さんの文芸時評という二つの出来事に遭遇し「やるなら今しかない」と確信したのだ。

そこからレンズを磨き上げる作業が始まった。単に「人種差別問題」について「正論」を打ち出すような形で考えるのではなく、「我が事」としてとらえたいという思いが私の中にむくむくと湧き上がってきた。ファノンは、すでに書いてきたように、自らも差別される側だけでなく、差別する側に身を置いたこともある人であり、そのことに、のたうち回りながら、自分自身をも切り裂くようにして、この問題を考え続けたのだから。

「黒い皮膚・白い仮面」という名著のレンズを磨き上げていく過程の中で、ファノンと私たち日本人は全く同じだと痛感した。「私たちの国は、遅れた他のアジア諸国とは違い西欧先進諸国の一員なんだ。いわば名誉白人だ。アジアの人たちと私たちは違うのだ」と心のどこかで思ってはいないだろうか。……レンズの焦点がぎゅっと合ってきた。ファノンと同じように、私たちは自分たちの中にある差別構造に切り込んでいかなければならない。「差別はいけない」と大所高所から正義を叫んでいるだけではダメなのだ。

司会の伊集院光さんは、そんな視点に共感してくれたのだろう。テレビ出演の現場での赤裸々な体験を語ってくれた。

出演のためいろいろなテレビ局を繰り返し訪れる伊集院さんは、ファノンの本を学び始めてから、今まで気づかなかった「あること」に気づいたという。個室のトイレに入ると、目の前に「このトイレの中で睡眠をとらないでください」という貼り紙が掲示されているというのだ。多くのテレビ局で同じようなことが書かれているという。

今まであまり気にしていなかったけれど、「これは単なる注意書きだ」といって見過ごせないのではないか。つまり、これは睡眠不足が常態化するほど、ＡＤのような仕事をしている人たちの労働が過酷になっているということではないか。これまでも目に入っていたのに、その背景にまでは思いを致すことができなかった、差別もこんな風に見過ごされているのではないだろうか……としみじみ語られていた。伊集院さんのレンズも、くっきりと焦点を結んだ。私はこの話を収録現場で聞いたとき、涙があふれそうになった。それは感動したからだけではない。自分も同じような見過ごしをたくさんしているのではないか、と自省したからでもあった。

「差別問題」は全く他人事ではない。私たちの周囲にもさまざまな差別がある。ジェンダーやＬＧＢＴＱの問題、外国人労働者や技能実習生の問題、隣の国々をはじめアジアの国々への偏見・差別……等々、数多くの問題があふれている。私たちは、それらの問題の当事者だ。そして、自分自身への戒めを込めて書くが、どんなに清廉潔白を主張する人でも、例外なく心の中に「差別の芽」が存在するのだ。そして、そんな差別を見て見ぬふりをしようとしてしまう気持ちも……。私たちも、ファノンと同じく、自分自身にもメスを入れ続けなければならない。

「日本には差別はない」「我が社は、純粋な日本人しか雇用していない」といった言葉が平然と公の場で叫ばれている昨今、私たちはもう一度「いつまでも私を、問い続ける人間たらしめよ！」というファノンの言葉を噛みしめるべきだと思う。そう、伊集院光さんがいってくれたように。もう一度繰り返そう。

「『諦める』ということは、『この人のことをもう知らなくていい』ということなので、完全な分断だと思うんです。そして、『答えが出た』ということは、そこで『偏見』が完成することだと思う。だから、一番大切なことは、『問い続ける』ことで、『よかれと思っていったことがもしかしたら傷つけているかもしれない。じゃあ、こういういい方をしたらどうなんだろうか』と思い続け、自分をバージョンアップし続けることではないでしょうか」

「誠実さ」こそが唯一の武器

カミュ『ペスト』

2018年6月放送

番組だけで満足してほしくない

中条　「実は、こんな風に作品のエッセンスを凝縮してしまうと小説の面白さというものが見えなくなってくるんです。たとえば、いろいろな人生の不条理や悲惨っていうものと闘うとか敗北するといった物語を書いていながら、一方で『セラヴィ（それが人生さ）』と語るおじいさんを短い場面でぱっと出してくる。カミュは人間を見る眼が多面的だから、こういうことができるのであって、英雄が物語を進行させているんじゃない。だから、ぜひ原典を読んでいただきたいという気持ちが強いです」

内田　「文学作品っていうのは、いろいろな読み方があるわけで、たぶんここで提示したのは一つの読み方であって、本当に無数の読み方がある。今回、焦点を合わせた登場人物とかエピソードとか言葉とかだって、全体の一パーセントにも達しないわけで、残りの九九パーセントの中にも珠玉の言葉や場面があります。それを熟読玩味するのが読書の楽しみなわけですから、ぜひ原典を読んでいただきたいと思います」

フランスの作家アルベール・カミュ「ペスト」を取り上げたシリーズの第四回の収録の最後のほうで、講師のフランス文学者・中条省平さんとゲストの思想家・内田樹さんが、期せずして同じような意味のことを熱を込めて語ってくださった。トーク内容の密度が高すぎて、どうしても編集で落とさざるを得なかった言葉なのだが、「ペスト」ほど、中条さんと内田さんがおっしゃったことを痛感した回はない。

ペスト感染拡大を防ぐべく結成された「保健隊」を事務方として支えた小役人のグランは最後どうなったのか？ペストが蔓延する街で暗躍した密売人のコタールは？それぞれに驚くような結末が待っていて、実にさまざまなことを感じさせてくれる。……が、番組ではその結末に全く触れることができなかった。また、番組ではほとんど登場しなかった、主人公リウーの母親の静謐《せいひつ》な優しさ、人生の深みを知りぬいているような、豆を数え続けるおじいさん（中条さんがあげた「セラヴィ」と語る老人だ）の洞察……彼らのような名もなき人々の存在感も凄い。点描される彼らの人生からも私たちは大きなことを学ぶことができる。

番組は勢い、主人公の医師リウーとその友人タルーを巡るストーリーを中心に編まざるを得なかったのだが、内田さんが一パーセントというのは大げさでも何でもなく、番組制作を終えた後での強い実感である。

「不条理」に満ちた私たちの人生の隠喩

名著が潜在的にもっている「時代を見つめるレンズ」……それを磨き上げ解像度を上げていくことがプロデューサーの大事な仕事の一つだと前節で書いた。その作業の中で、番組の限られた時間におさめるべく、物語のいくつかの筋は確実にそぎ落とされていく。しかし、そぎ落とされたからといって、そこが大事ではないと思わないでほしい。番組を見終わってから原典をぜひ読んでほしいというのが、中条さんや内田さんと同じく制作者としての切なる願いだ。閑話休題。

カミュ「ペスト」を取り上げたシリーズは、名著のもつレンズの解像度を高めて、この時代にぴたっと焦点を当てられたと自負できるシリーズだった。もちろん、ディレクター陣の奮闘、出演者たちによる見事な掘り下げがあってのことである。この作品はパンデミックものではあるが、現代の諸問題をクリアに見せてくれる力があるとの確信があった。だから普遍的な読み込みを徹底して行おうという企画意図をみんなで共有しながら番組制作を進めた。そのことは、たとえば「原発事故」の問題や「いじめ」の問題にまで話が及んだことからもわかるだろう。

そんな「ペスト」のストーリーは、おおよそ以下のような流れだ。

舞台は、突如ペストの猛威にさらされた北アフリカの港湾都市オラン市。猖獗《しょうけつ》を極めるペストの蔓延で、次々と罪なき人々が命を失っていく。その一方でオラン市は感染拡大阻止のため外界から完全に遮断。医師リウーは、友人のタルーらとともにこの極限状況に「保健隊」を結成して立ち向かっていく。隊を支えるのはどこにでもいる一般市民だ。たとえば、一見凡庸な役人と思えたグランは、あらゆる雑用に対し、いつも自分そのままの善意をもって、ためらうことなく「いいよ」といって引き受け、事務の要の役割を果たしていった。

しかし、あらゆる試みは失敗しペストの災禍は拡大の一途をたどる。後手に回り続ける行政の対応、厳しい状況から目をそらし現実逃避を続ける人々、増え続ける死者……。圧倒的な絶望的状況の中、それでも人間の尊厳をかけて連帯し、それぞれの決意をもって闘い続ける人々。いったい彼らを支えたものとは何だったのか？　主人公の医師リウーはいう。それは「誠実さ」であり、「職務を果たすこと」だと。それがペストと闘う唯一の武器だとも。名前を最後まで明かさない記録者が、そんな人々の思いを描きながら進んでいくストーリーである。

「ペスト」はナチスドイツ占領下のヨーロッパで実際に起こった出来事の隠喩だといわれる。過酷な占領下で、横行した裏切りや密告、同胞同士の相互不信、刹那的な享楽への現実逃避、愛するものたちとの離別等々。カミュ自身がレジスタンス活動の中で目撃した赤裸々な人間模様がこの作品には反映されている。それだけではない。「罪なき人々の死」「災害や病気などの避けがたい苦難」「この世にはびこる悪」……私たちの人生は「不条理」としかいいようのない出来事に満ちあふれている。「ペスト」は、私たちの人生そのものの隠喩でもあるのだ。

こう書いてきて驚く。このストーリーは、新型コロナ禍の中で私たちが経験したこと、そのままではないか。……だが、この話は、「後日談」としてこの節の最後にもう一度したい。問題は私が、新型コロナ禍が起こる二年前に、この名著の中の、どのようなレンズの力を引き出そうと思ったかだ。

カミュの「ためらう感性」

発端はかなり遡る。「ペスト」とは高校時代に出会った。いいようのない衝撃に打ちのめされるとともに、不思議に「生きる力」や「勇気」を与えてくれた本で、何度も読み返したものだ。信じていた友人の裏切り、両親との意見の相違、受験戦争の空虚さ……スケール感はまことに小さいのだが、さまざまな「不条理」に直面していた私にとって、カミュは生きるための武器を与えてくれた。それは、医師リウーという人間を支え続けた「誠実さ」であり、「職務を果たすこと」というシンプルな言葉。この頃の私にとって、これらの言葉がどれだけ支えになったことだろう。

カミュに再会するのは、内田樹著「ためらいの倫理学」という一冊の本がきっかけだった。今から十五年くらい前のことと記憶する。社会人になって中堅どころの位置を占めるに従って、どこか惰性に陥っていた私に、内田さんのこの著作は冷や水を浴びせかけた。この本をきっかけに猛烈にカミュの著作を読み返したのだ。

単純な正義を信じ込み、いろいろな社会現象を図式だけで解釈し、何でも善と悪に分けてなで切りにする。そこまで極端ではなかったかもしれないが、カミュが最も忌み嫌ったそんな思考法に、当時の私は陥っていた。世界は複雑で、シンプルに色分けして理解できるわけはないのに、善と悪という二色で塗り分けることにどこか快感を覚え、その論理を振り回してしまうこともあった。

そんな私に、「ためらいの倫理学」が教えてくれたのが、今回、中条さんと内田さんもテーマにしてくれた、カミュのいう「ためらう感性」の大切さ。そのことをわかりやすく解きほぐしてくれた解説を、中条さんが執筆した番組テキストから引用させてもらおう。

哲学者の内田樹《たつる》さんは「ためらいの倫理学」（『ためらいの倫理学　戦争・性・物語』所収、角川文庫）というカミュを論じた鋭い文章のなかで、人間が、国家や社会という立場から異論の余地のない正義を引きあいに出して死刑に賛成したり、全体的な真理や未来の幸福のために革

> 命のための殺人や戦争やテロをおこなったりすることに「ためらい」を感じる倫理的感性こそ、カミュの精神の本質的な特徴だと見ています。そして、自分が善であることを疑わず、自分の外側に悪の存在を想定して、その悪と戦うことが自分の存在を正当化すると考えるような思考のパターンが「ペスト」なのだ、ときわめて示唆的な読解を提示しています。
>
> （NHKテキスト「100分de名著　アルベール・カミュ『ペスト』」）

「自分が善であることを疑わず、自分の外側に悪の存在を想定して、その悪と戦うことが自分の存在を正当化すると考えるような思考のパターン」こそ、当時の私が陥っていた罠だった。この現実には完全に正しいことも完全な間違いもない。それなのに、この世界を善と悪、白と黒に塗り分け、自分を正義の側に置き、邪悪な存在を「外側」につくり出して糾弾をし続ける精神のありよう。それこそが「ペスト」という象徴を使って、カミュが指し示そうとしたことだったのだと気づいた。そして、自戒を込めて思うのだが、「ペスト」が暗示したこのような精神のありようは、今、世界やこの国にも蔓延している。

　では、私たちは、どのようにこの事態に向き合ったらよいのだろう。この点については、番組の中でもいろいろなポイントが語られたが、ここでは、時間の関係でどうしても番組の中に入れられなかった議論を一つご紹介したいと思う。

内田樹さんは、カミュが、こうした状況と闘う人のあるべき姿を「グラン」という存在に一番託したかったのではないかと指摘し、以下のように語ってくれた。

「リウーの語る『人間であること』っていうのは、グランのように凡庸な役人であること、何の文学的な価値もない作品を書き続けることでもある。でも、そこに深い愛情をもっているわけですよね、グランっていう人間は。それと同じような情熱をもって、淡々とペストとの闘いを引き受けていく。読んでいると、グランっていう人間に、書き手がずっと敬意を込めていることがわかる。普通の、凡庸な人間が、日常生活の延長にある市民的常識の中で、『それは間違っているよ』『これはちょっと理不尽でしょ』という風に判断して闘っていくべきだというのがカミュのメッセージだという気がします」

番組収録を終えたとき、内田さんのこの言葉が胸の中で幾度も反響した。

そう、私が「ペスト」という作品のもつ高解像度レンズでフォーカスを合わせたかったのは、私が「ペスト」という存在の中に読み取った、自分と少しでも異なる存在を排除し攻撃してやまない悪しきナショナリズムや、「論破」という言葉に代表される「勝ち負け」だけを価値基準にして何ら建設的な議論を生まない貧しいネット論壇のあり方だったのだ。

中条さんはそれを「自分が善であることを疑わず、自分の外側に悪の存在を想定して、その悪と戦うことが自分の存在を正当化すると考えるような思考のパターン」だと解説してくれた。今や、この思考パターンは世を、そしてネット上を席捲している。私だってそれに感染しかねない。いや、かつては感染していたのだ。私の周囲の知人たちも、今、少しずつ感染しつつある。

それと向き合い対峙していくのに特別な能力はいらない。凡庸なグランでいいのだ。そこに必要なのは、内田さんのいう市民的常識と、ひたすら積み重ねる地道な作業だけだ。そう、リウーのいう「誠実さ」だけが私たちが使える武器なのだ。……そんな風にカミュに語りかけられているような気がした。……そして、私は今もそんな「ペスト」と対峙し続けている。

「誠実さ」という唯一の武器

さて、話はここでは終わらない。途中で予告した通り、後日談があるのだ。

実は、新型コロナ感染拡大の問題が一番先鋭化していた、緊急事態宣言が出される直前のタイミングで、アルベール・カミュ「ペスト」を取り上げたシリーズの再放送に踏み切ったのだ。パンデミックの問題が最も厳しい局面にある今こそ、「ペスト」に学ぶべきことが多々あると考えてのことだった。

すでに書いてきたが、本放送では、パンデミックものの「ペスト」を読み解くにあたって、原発事故やいじめの問題など当時私たちが置かれていた状況にできるだけ解釈を広げて普遍的に扱った。ところが再放送で観直して、あまりにも新型コロナ禍に置かれた私たちの状況と重なって見えて驚いた。再放送直後に、伊集院光さんと「あれだけパンデミックの問題からずらそうとしたのに、新型コロナ禍の最中に観ると、今のことを書いてあるとしか思えないよね。解説もそれにつながっているように見えた。名著ってホント恐ろしいね」と感想を語り合ったものだ。二年前に磨き上げたレンズが、全く異なった状況に対してもフォーカスしたのである。

番組を観直す中で、他にも大事な再発見があった。ペストと闘う主人公の医師リウーとその友人タルーたちの姿に、当時、日本全国、全世界で最前線で闘う医療従事者の姿が重なって見えたのだ。再び書くが、「ペストと闘う唯一の武器は誠実さだ」と医師リウーは語った。「自分の職務を果たすことだ」とも。その言葉通り、周囲の人々から凡庸で、さえない男と見られていた下級役人のグランが、もちまえの事務能力と誠実さでリウーたちの活動を陰から力強く支えた場面が鮮やかに脳内に再生されていった。新型コロナウィルス禍のような危機と向き合うために必要なのは、何よりもこの「誠実さ」なのだとあらためて痛感させられたのだ。

専門家ではない私は、最前線で闘う人たちに対して、ただ祈り応援するしかないが、このグランのように一市民として彼らを支えたい、そう強く願っている。当面、私ができることは、

「名著」の中に、厳しい状況に立ち向かうための知恵や勇気を見出し、視聴者にお届けすることしかないが、まずは愚直にその「職務」を果たしていきたい。

このように、古典の名著の何よりも凄いところは、今いるそれぞれの現場で、私たちが何を大事にして行動しなければならないのか、どんな声を上げていかなければならないのかを教えてくれるところなのだ。そんな名著の力を引き出していくために、今日も私はレンズを磨き続けている。

「新自由主義的思考」にどう立ち向かうか

スピノザ「エチカ」

２０１８年12月放送

「格差」と「自己責任」を正当化する新自由主義

「新自由主義」という言葉が叫ばれるようになって久しい。だが、「新自由主義」って何？と聞かれて、立て板に水のように説明できる人は意外と少ないのではないだろうか？　辞書的な意味を振り返ってみよう。

政府の財政政策による経済への介入を批判し、市場の自由競争によって経済の効率化と発展を実現しようとする思想。ネオリベラリズムともいう。（中略）政策としては、国営企業・公共部門の民営化、規制緩和による経済の自由化、減税と緊縮財政による「小さな政府」などを特徴とする。一九七〇年代後半からラテンアメリカ諸国、イギリスのサッチャー、アメリカのレーガン、日本の中曾根康弘の各政権が新自由主義政策を採用した。

（「マイペディア」平凡社）

更に、その新自由主義が社会にもたらす影響として、こんな風な記述が続く。

> 交通・通信から教育・医療・福祉にいたる公共部門の民営化や、市場の公平性確保のための規制の緩和は、市場での優勝劣敗によって、社会保障の低下、雇用の不安定化、生活の格差拡大などの問題を生んでいる。さらに国家の規制から自由になった資本は、グローバリゼーションによって国際的な分業体制を再編し、こうした問題が世界規模であらわれるようになっている。しかし、新自由主義は、つねに改革を訴え、個人や企業に対しても市場での絶えざる競争と自己革新を求めるため、こうした社会的格差は、市場での競争の結果として当事者の自己責任とされる。さらに格差拡大による福祉・教育・犯罪などへの社会不安さえも、新たな市場として新自由主義経済へ組み込もうとするために、新自由主義への根本的な批判が困難になっている。
>
> （前掲書）

見事なまとめだ。読んでみてわかる通り、この「新自由主義」は、私たちの職場はおろか、学校、病院、福祉施設、果ては役所のような公的セクターにまで及んでいる。あらゆるサービスが効率化の名のもとにアウトソーシングされ、利益換算の波に巻き込まれる。全てが数値やエビデンスといった尺度で測られるようになり、数値に現れないものは評価もされないし、意味がないとされる。非効率なものは公的な役割があったとしても削減されていく。社会的弱者にますます手が差し伸べられなくなる。広がりゆく社会的格差。だが全ては当事者の自己責任と決めつけられる。文句をいうのは弱者の甘えだと切り捨てられる。そうした主張を声高に叫び、人気を集める政治家まで現れる。

地獄だ。……と思う。いつから日本は、いや世界はこうなってしまったのか。

経済問題としての「新自由主義」、システムとしての「新自由主義」の問題は、あまりに巨大すぎて、どのような名著を選び、どのように切り込んでいくのかをずっと研究中だ。おそらく２０２３年度中にはお披露目できるだろう。だが、喫緊の問題として、「新自由主義」の影響下で、私たちが陥っている「自己責任論」「エビデンス至上主義」「効率第一主義」といった新自由主義マインドセットをなんとか解体し、そこから抜け出す方法を模索したい。そんなことをずっと考え続けていた。

ヒントを与えてくれたのは、十七世紀の哲学。スピノザ「エチカ」だった。この哲学の解像度をぐっと上げてくれたのが、哲学者の國分功一郎さんである。

スピノザ「エチカ」を解説してくれた國分功一郎さんとの出会いは、國分さんとブレイディみかこさんとのトークショー会場だった。ブレイディみかこさんの新刊「子どもたちの階級闘争」を巡るトークショーということもあって、内容は昨今の社会情勢の話題が中心だったが、その端々に鋭い哲学的な考察がひらめく。國分さんの手にかかれば、難解な哲学書を、巧みに現代につないで解説いただけるに違いない。そう確信した私は、その場で名刺交換させていただいた。

それにしてもまさかスピノザ「エチカ」が題材になるとは！　最初の國分さんとの打ち合わせのときには、ホッブズやロック、ルソーなど、さまざまな政治哲学者の著作を候補に挙げた。トークイベントで鮮やかに社会情勢に切り込むトークが魅力的だったし、ある道路建設問題に対してアクティビストとして活動をしていたことを知っていたからだ。だが、どの哲学者の名前に対しても「うーん……」となり、乗り気になってくれない。

「やっぱりぼくはスピノザがやりたい」

打ち合わせの後半、國分さんは、熱を込めて、そう語り始めた。自分に決定的な影響を与えた哲学者であり、今もずっと対話を続けている、自分の思考の基盤をなしているともいえる哲学者だというのだ。

國分さんの熱に押され、「國分さんにお願いするなら、やはりスピノザしかないか」という覚悟を決めた。実は、学生時代、まったく歯が立たなかった哲学者だったので、スピノザ……というアイデアは当然心の片隅にあったのだが、私自身、及び腰になっていたのだ。スピノザ「エチカ」を取り上げることに踏み切ったのは、何よりも國分さんの情熱によるものだといっていい。

前提の見方を覆す「エチカ」解説

以来、大学の講義とか、シンポジウムとか、学会発表とか、さまざまな場所で、國分さんの思考の軌跡を追いながらなんとか企画化にこぎつけた（これまで取り組んだ中でも屈指の難産だった）。苦労の甲斐あって、またディレクターや関係者の大変な奮闘もあって、非常に素晴らしいスピノザ入門になったのではないかと思う。

國分さんによる「エチカ」解説で、私たちが漠然と前提としているものの見方がことごとく覆されていった。そこには私たちが日常の中で見過ごしている物事の本質が浮かび上がっていく。

近代社会の延長にある私たちの頭の中のＯＳでは、スピノザが扱っている概念はうまく走ってくれない。そう語る國分さんの解説の通り、最初はとりつくしまもないように感じられた「エチカ」の思考が、私たちの日常の中にぐいぐいと入ってくるような経験だった。私の中では、既存の思考のＯＳが書き換えられていくような経験といっても過言ではない。それは大げさにいっているわけでは決してなく、仕事の仕方や物事の見方が明らかに変わってきたのだ。

たとえば、私たちが使い慣れた「本質」という概念を「形」（エイドス）ではなく「力」（コナトゥス）としてとらえる大胆な視点が挙げられる。

ギリシャ哲学（とりわけアリストテレス）以来、物事の本質は「形」とされてきた。このとらえ方に、実は意外にも私たち現代人も縛られている。少年時代に昆虫図鑑が大好きだった私は、「昆虫といえば、脚が六本、翅《はね》は四枚」などなど、昆虫という存在を「形」で分類する極めて強固な博物学的な知というものに知らず知らずに縛られている。この見方だと、たとえば蜘蛛《くも》は八本足だから昆虫ではないと考えるわけだ。

この近代人がからめとられている見方をスピノザは解体してみせる。たとえば、常識では、馬と牛はその外形や解剖学的な差異で分類される。このように私たちの知は、本質を固定した「形」とすることで成り立っている。しかし、スピノザは、本質を「力」と見ることでこれまでとは違った見方を提示するのだ。一見同じ形態の馬といえども、環境や関係や歴史が違えば、野生馬、競走馬、家畜といった風に、自らの力を増大させるために異なった生態を生きることになる。このように「本質」をとらえると、農耕馬と競走馬よりも、農耕馬と農耕牛の本質のほうが近いということになるのだ。

人間もそうした視点でとらえると、あらかじめ決められた「形としての本質」を目指すのではなく、それぞれの特性に合った「力」の伸ばし方を考えるべきだという発想に変わっていく。私がこの例で最初に連想したのは、イチロー選手の「振り子打法」のことだった。ある理想的な形態のバッティングフォームを本質として固定してしまうと、この「振り子打法」は全くダメな打法と決めつけられてしまう。実際に、当初は多くのコーチからこの打法は否定されてきた。おそらく仰木《おおぎ》彬《あきら》監督だけが、「形」（エイドス）にとらわれず、イチロー選手の「力」（コナトゥス）を見抜き、彼が存分にその「力」を発揮できるよう活躍の場を与え育てていったのではないか。

スピノザの哲学によって、本質を「力」として見る大きな可能性に気づかされた。これは、まさにプロデューサーとして、人材を育成する際に、「部下やスタッフのもつコナトゥスに注目する」という非常に豊かな視点を与えてくれた。

人間は本当に自分の意志で動いているのか？

さて冒頭に掲げた「新自由主義的思考」を脱するためのヒントがいよいよここから登場する。スピノザによる「意志という神話」の解体だ。

國分さんは、現代は「意志という神話」に縛られてしまっている、という。これは、「人間は意志次第でどんな行動も決定できる」という神話だ。この観点からすると、意志は、ゼロから行動を立ち上げる万能の起点であり、「朝寝坊して遅刻する」のも「お酒がやめられずアルコール依存症を治せない」のも「意志が弱いからだ」ということにされてしまう。いわゆる「自己責任論」の一種だ。

しかし、本当に、人間は意志だけの力で行動を決定しているのか？　ここにスピノザは疑問を呈するのだ。國分さんは、大学の講義で、「生協でラーメンを食べると決めるケース」を例に挙げてわかりやすく説明していた。

今、生協でラーメンを食べようと決めて食券販売機のボタンを押す選択は、自らの意志だけが決めているのか？　それは最終的に「これだな！」とボタンを押すことを意識が引き受けているだけで、実際にはその選択の背景には、自分が意識化しきれない、多様な原因がからみあっているのではないかというのだ。つまり、結果を引き受ける瞬間だけを見て、「意志が全てを決めている」と錯覚しているだけではないかと。

実は、この瞬間にラーメンを食べようと決めたのは、「昨夜、おいしいラーメンを紹介するテレビ番組を観ていて、その記憶が鮮明に残っていた」とか「ちょうど今の体調がラーメンがもつ塩分を欲していた」とか「そもそもその人が麺類を好きだという傾向をもっていた」とか「時間がないので学外ではなく生協でぱっと食べなければならないという時間的制約があった」とか、さまざまな原因がからみあってなされたのであって、何もないところに「自由意志」が立ち上がって全てを決めたのではないのだ。「意志」というものは、数多くあるさまざまなファクターのたかだか些細な一つにすぎない。それを絶対視すると、人間の行為のあり方を見誤ってしまう。こうした観点がスピノザの哲学から導きだされるのだ。

　こうした見方は、現在、精神医療の最前線でも大きな注目を集めている。たとえば「アルコール依存症」などの症例に対して、意志が弱いから断酒の意志を強くもたせようといった「意志形成支援」というアプローチから、さまざまな原因のからみあいをきちんと見つめ、それを解きほぐしていき、よい方向へと欲望を立ち上げることで症状を緩和していこうとする「欲望形成支援」（國分さんの造語だそうだ）という新たなアプローチへ、ベクトルを変えていこうという動きも現れているとのこと。このアプローチは、番組制作上のミスや失敗をどう防いでいくかを考える上で、強制ではなく、それぞれのスタッフの内発性を引き出すというやり方を導く大きなヒントになる。新自由主義的な、自己責任だけで人を追い詰めていく考え方から自由になれるのだ。

「エビデンス至上主義」が見落とすもの

スピノザは、「新自由主義的思考」のもう一つ、「エビデンス至上主義」についても貴重な示唆を与えてくれる。

國分さんは、私たちが選択した近代社会が、「何かを知り、それが真かどうかを判断する」基準を、あまりにも狭めているのではないかという。たとえば、ウィルスなどの影響でのどの奥が炎症を起こしているとき、それが病気であるかどうかを知るためには、近代医学は、炎症部分がどの程度赤みを帯びているかといった度合いや、患部にウィルスがどれだけ発生しているか、体温の上昇を伴っているか、白血球の量がどうなっているのか、といった計測可能で他者と共有できるようなエビデンス（証拠・根拠）をもとに判断する。

しかし、この方法では、本人がどれだけ痛いと感じているかといった体験を完全に理解することはできない。現に、物理的・身体的に何ら異常が認められなくても、精神的なトラウマなどが原因になって痛烈な痛みを感じる症例というものがあり、これは、近代医学的な範疇《はんちゅう》でのエビデンスを示すことはできないのだ。

これは、何かを学ぶという場面においてもいえることだ。たとえば水泳や自転車運転ができるようになるために、どれだけ精密なマニュアルや教本を熟読しても、「泳ぐことができる」

「自転車を乗りこなすことができる」という、ある種の真理にはたどり着けない。それらの知は「情報」や「エビデンス」には還元できないのだ。水泳も自転車も、知識や情報を吸収するだけではなく、試行錯誤や手探りをしながら、ある瞬間、「あ、泳げるということはこういうことだったのか、自転車に乗れるとはこういうことだったのか」ということを直観的に把握することなのだ。こうした知は、厳密に計測することも、他者と共有することもできない。新自由主義的なエビデンスなんて示しようがないのだ（だが、今進められている教育改革の多くはエビデンス至上主義一本で行われようとしているように思える）。

スピノザの哲学に則っていうならば、体験自体が明々白々と真実性を語るような知のあり方が、近代科学的エビデンスや数値的情報の一方で、確かにありうるのだ。スピノザの哲学を読み解いていくと、近代が切り捨ててきた「体験という知」のあり方が浮かび上がってくる。そうした知のあり方は、デカルトに発する、「数値」「データ」といった他者と共有できる根拠のみを真理の判定基準とした知のあり方を決して否定するものではない。ただ、私たちが選んだ近代が、知の対象とはできないものについて、スピノザは、新たな真理の判定基準を提示してくれているのだと思う。

現代に敷衍していうならば、新自由主義が世界を席捲する中、人間の行為があらゆる領域でマニュアル化され、思考の自由が奪われつつある現代社会に対して、スピノザ「エチカ」は大きな問題提起をしているともいえる。たとえば、「笑顔の作り方」から「付随した商品の売り方」に至るまで全てが精緻にマニュアル化・数値化されて、「サービスとは何か、どうしたら人が喜ぶのか、どのような工夫が仕事を高めていくのか」といったことを自由に考える余地すら奪われているというファストフード店に象徴される実態が、あらゆる領域に見られるのが現代社会だ。私たちは、自由に思考する力を常に奪われていく社会にいるといっても過言ではない。

スピノザの哲学には、現代では失われつつある思考の本来のあり方や自由の根源的な意味を考えるための重要なヒントが数多くちりばめられているということに、國分さんが解像度を上げてくれたことで気づくことができた。

どうだろう？　十七世紀の哲学が現代に生きる私たちにここまで影響を与えることができるのだ。「哲学」は現実に何も役立たない机上の空論などでは決してない。私たちの思考のＯＳを書き換え、私たちの行為や思考のあり方を限りなく豊かにしてくれるものといってもよいのだ。こんな風な刺激的な名著の解説を、今後も講師と一緒に進めていけたらと思っている。

怯むことなく
堂々と老いよ！

ボーヴォワール「老い」

2021年7月放送

「若さ至上主義」へいかに対抗するか

「人生百年時代」が到来し、百歳まで生きる人生に備えよ、といわれている現代。平均寿命は、二十年前と比べるとおよそ三年延びた。六十五歳以上は人口の三割で、四人に一人は高齢者という社会を私たちは生きている。これは、人類が初めて遭遇する事態といえよう。

それなのに私たちは、それに対応できるような社会を全く築き得ていないのではないか。「老い」についての言説の多くは、「アンチエイジング」「いつまでも若いままでいる方法」「美魔女」といった、あいかわらず「若さを至上価値と位置づけ、それをどこまで引き延ばせるか」を語る言葉で覆い尽くされている。「美しさ」も「生産性」も失ってしまったら、人間は生きる価値などないんだといわんばかりだ。

こんな「生産性中心主義」「若さ至上主義」に対抗するような価値を提示してくれる名著はないものかと考えあぐねていた。だが、日々の忙しさに紛れて、いつしかそんなテーマ探しを忘れてしまっていた。とはいえ、メディアから流れてくる、「老いること」をまるで棄損し続けるような言説に「もやもやしたもの」を抱き続けてきたのも確かである。

だが、ある偶然から、このテーマを扱った名著が目の前に飛び込んできた。「老い」という問題への解像度をぐっと上げてくれる画期的な名著が見つかったのである。そんな出来事について今回は書いてみたいと思う。

「100分de名著」のプロデューサーを担当してちょうど七年目の頃、とても画期的なことが起こった。外部のフリー・ディレクターの企画書による初めての番組制作となったのだ。ボーヴォワール「老い」を取り上げた回のことである。

この番組は、それまでほぼ一〇〇パーセント、プロデューサー自身による企画と講師ブッキングで成り立っていた。この番組では、番組制作のみならず、副読本たるテキストの制作が必須だ。そのため、相当早い段階からの企画立ち上げが必要。そんなに長く人件費を払う余裕は、低予算番組にはもちろんなく、常に仕事に追われ続ける外部制作プロダクションのディレクターやフリーのディレクターにお願いするわけにはなかなかいかない（結局、意欲のあるディレクターにボランティアでお願いするしかないのだが、そんなことに甘えるわけにはいかなかった）。ゆえに、プロデューサー自らが企画書を作成するというのが慣例だった。ただこのやり方だけに依存すると、果たして持続的に企画を出し続けることができるのかという不安は、常々あったのだ。

それが、ひょんなことから、フリーのディレクターの山田あかねさんから、「フェミニズム」についての名著を番組で解説できないかとの提案があったのである。とても意欲的なディレクターで、企画については年来取り組んできたテーマでもあるから、自分自身が練り上げてもよいという。「フェミニズム」の問題については、相次ぐ政治家の差別発言や「#MeToo」運動などの盛り上がりを受けて、いつか絶対に取り組むべきだと考えていた私には、まさに「渡りに船」で、企画書を作るに際しても、女性が書いたほうがよい……と考えて、山田さんに企画書を書いてもらうことにしたのだった。

山田さんは、社会学者の上野千鶴子さんとたびたびお仕事をされていて親交があるので、まずは「女性学」の草分けといっていい上野さんに相談してみることになった。私自身、上野さんの著作にはずっと刺激を受けていたので、お会いするのがとても楽しみだった。おそらくボーヴォワール「第二の性」が有力候補になるのではないかとも思い、少し読み直しなども始めていた。

ところが、驚いたことに、上野さんから出たアイデアは、同じ著者の「老い」。もちろん主著の一つではあるのだが「第二の性」に比較すると、やや知名度が低い本だった。私自身も全くの未読。少し戸惑ったが、上野さんにお会いして話を聞くにつけ、「ああ、この本こそ、この時代に読むべき本だ」と確信するに至る。そう、冒頭に書いた通り、私がかねて、「生産性中心主義」「若さ至上主義」に対してもやもやと考え続けてきたことに対して、大きなヒントを与えてくれる予感がしたのだ。この予感は大いに当たることになる。

「老い」は、いわば「老いのエンサイクロペディア」ともいえるほどの規模で、文明史から社会制度、心理学的調査、膨大な数の作家、芸術家、政治家、科学者らの評伝や告白録の分析等に至るまで、およそ〝老い〟に関わる現象や資料、研究成果を網羅的に検証した本だ。私自身、読み進める中で、広大な森の中に迷い込み、論点が錯綜してややカオス状態に陥ってしまった。ところが、この膨大な記述から、現代に通じる論点や記述を鮮やかに取り出していく上野さんの手際は見事で、議論の中であっという間に明快なテーマ群を設定していただけたことに舌を巻く。独力では到底できなかったことだし（通常はある程度行うのだが）、上野さんが示してくれた道筋は、いわば原著を読む際の絶好のガイドになっていると思う。この番組やテキストを先に見てもらえれば、原著の深い森の中で迷うことはないだろう。

「老いは文明のスキャンダル」

振り返ってみると、上野さんとの最初の出会いは、80年代後半、熊本大学で哲学や社会学を学んでいた頃のこと。「女という快楽」といった著作の数々から、私たちのものの見方や行為がいかに社会構造に規定されているか、そしてそこから脱却していくにはどういう見方が必要なのかといったことなど多くのことを学んだ。熊本に講演会でいらした際には駆けつけて質問などもさせていただいた。そんな上野さんが、三十年後も全く変わらない、あの切れ味の鋭い視点から「老い」を読み解いてくださり、非常に魅力的な企画書に仕上がっていく様子を見て、わくわくが止まらなかった。

その後も、上野さんとの番組準備作業は、まことにスリリングなものだった。「老いは文明のスキャンダル」というボーヴォワールの言葉がずっと心の中で鳴り響いていたという上野さん。自らも当事者として「比較老年学」などを深く研究している視点からの読み解きは、目から鱗が落ちる体験の連続。私自身、五十代半ばを迎え、〝老い〟について真剣に考え始め、まとまった文章も書いたことはあるのだが、その視点がかなり甘かったこと、常識に縛られて〝老い〟について見誤っていたことなどを思い知らされた。

なんといってもボーヴォワールが取り上げた「老齢《おい》はわれわれを不意に捉える」とのゲーテの言葉を鮮やかに解きほぐしてくださったのが印象的だった。老いは他者から指摘されて初めて知らされるという。つまり自分では受け入れがたいがゆえに、なかなか自覚ができないというわけだ。ボーヴォワール自身も五十歳のとき、アメリカ人女子学生が「ボーヴォワールってもうばばあなのね！」と言っているのをたまたま耳にして衝撃を受けたというエピソードを記している。

「同窓会あるある」なのだが、久しぶりに古い友人たちと再会して「なに？　このおじいさん、おばあさんたち。この人たち、本当にぼくの同い年なの？」と思ったことがある人は数多いのではないだろうか。ところが、そんな友人たちも自分を指さして驚いているのである。その表情を見て、自分も同じように見られているのだと気づかされるわけだ。

ここから先の分析も容赦ない。上野さんは、「加齢という現象は、すべての人が中途障害者になることだ」という言葉で、ボーヴォワールの論を見事にパラフレーズしてくれた。中途障害者と先天的障害者の決定的な違いは、前者には障害がなかったときの記憶があることだという。それゆえ、中途障害者になった人は、他人からの差別を受ける前に自分自身を否定するというのだ。昨日できたことが今日できなくなる自分に対して「ふがいない、情けないわたし」と自分で自分を責め始めるのである。この「自己差別」というのがあらゆる差別の中で最もきついと上野さんは語っていた。

なぜここまで自分を責めてしまうのか。それは、私が冒頭で書いた通り、メディアや社会が、老いを徹底的にネガティブなものとして語り、貶め続けるからだ。「若さ至上主義」ともいえるこの価値観は、物心ついたときから私たちの内面に老いの負の部分のみを刷り込んでいく。

どんな若者であっても、いずれは一人残らず老いていくというのに。そして、若き日にさんざん「ああはなりたくない」とディスり続けた老人に自分がなってしまったとき、「自己差別」に陥り、嘆き悲しむのだ。「老い」という現象をここまで見事に、ある意味では身も蓋もなく、分析してくれた事例を私は知らない。

老いて何が悪い!

圧倒的にネガティブな「老い」の側面を書き続けるボーヴォワール。だが、その果てに見えてくるものは意外にも清々しい光景だ。私が特に感銘を受けたのは、晩年の講演の際、二十分間も沈黙するゲーテの姿を描いた場面に、上野さんがフォーカスしてくださったときだ。衰えを何のてらいもなく聴衆にさらすゲーテ、そして、その沈黙を尊敬の念からじっと見守る聴衆たち。そのことを肯定も否定もせずに淡々と書くボーヴォワール。そこには、「老いの現実はこういうものだ。だからどうした？　何が悪い？」というボーヴォワールの潔いまでの「老いへの向き合い方」がある。

そうした論を踏まえて、「老いは文明が引き受けるべき課題だ」という確固たる立場を明らかにしたボーヴォワールは、老いてもなお尊厳のある生き方ができる社会とはどんな社会なのかを追究していく。現行の社会保障制度や施設の不十分さをばっさばっさとなで切りする痛快さ。その一方で「残念ながら例外的な」成功例として、全個室で、自由に家族や友人と会え、文化的な空間も充実しているアメリカ・テキサス州の「ヴィクトリア・プラザ」の事例を示すことで、あるべき社会保障制度の道筋を明確に見せる。

上野さんはそれを受けて「介護保険」「在宅ケア」など私たちにとって身近な事例を交えて、自分たちの問題としてとらえ直す通路を開いてくれた。まだまだ十分とはいえないにせよ「介護保険」による「介護の社会化」によって、ケアの現場の経験値が上がっていくことで、「施設主義から在宅志向へというシフト」が進み、尊厳をもって老い死んでいける社会が開けていくというビジョンを示してくれた。もちろん、この仕組みを後退させないよう、私たちが支え続けていけば……という前提で、だが。これは、まさに未来への希望を紡いでいくような解説だった。

最終回にあたる第四回でこれらのテーマを展開してくださったのであるが、この回のタイトルが、上野さんの発案による「役に立たなきゃ生きてちゃいかんか！」。まさに、「老い」のテーマを凝縮したような、上野節の炸裂である！

ところが、驚くような時代とのシンクロが起こった。この回の再放送時に、ある著述家が「ホームレスの命はどうでもいい」と発言したことが大きな波紋を引き起こしたのである。冒頭にも書いた「生産性中心主義」の価値観が暴走したあげくの発言ともとれる。「生産性がない人」「役に立たない人」は死んでもいいというわけである。

私はこの言葉が許せなかった。上野さんの言葉通り、「役に立たなきゃ生きてちゃいかんか！」と思わず叫んでしまった。再放送を告知するＳＮＳに「今こそ多くの方々にご覧いただき、どんな命もかけがえがないものであり、生産性の有無など、生命の尊さには全く関係ないという思想を多くの人に知ってほしいです」と書き込んだ。そんなこともあって、再放送でも大きな反響をいただくことができたのだった。

ともあれ、私自身〝老い〟の当事者として、ボーヴォワールのいう「老いという冒険」に立ち向かっていく勇気を上野さんからもらった。そんな見事な解説をしてくれた上野さんに、この場を借りて深く感謝したい。私も、年齢に抗《あらが》わず、怯むことなく堂々と老いさらばえようと、今、思っている。そして、「生産性」だけを押し付けてくる政治や社会に対して、今後もしっかりと抗っていくような仕事を続けたいと深く決意している。

第七章　メディアの足元を見つめ直す

心の中の「ファイアマン」

ブラッドベリ「華氏４５１度」

２０２１年６月放送

酷似する「記録」も「記憶」もないがしろにする社会

「私の心の中にも『ファイアマン』がいるのではないか？　これは決して他人事ではない」

この作品を番組で取り上げようと思ったのは、こんな思いが胸の奥から湧き上がってきたからだった。「ファイアマン」というのは、レイ・ブラッドベリ作「華氏４５１度」に登場する本を焼き払う仕事を担当する人々のこと。名著を解説する番組のプロデューサーが、本を焼き払う仕事をする人たちと重なるところがあるなんて聞くと、意外に思われるかもしれない。

前章までは、名著を通していかに現代社会に切り込んでいくか、その上で、名著を私たちの人生にどんな風に活かしていくか。そうしたことをずっと考えながら、どのようにして企画を練り、番組を準備してきたかの内幕を書いてきた。

このプロセスの中で、あるときから「副産物」ともいえるものが生まれ始めた。もっぱら今世界や日本で起こっている重要な出来事や事件などに照準を絞って企画を考えてきたつもりだったのだが、期せずして、もう一つのものにも照準が当たってしまった。それは、私たちの仕事自体、つまり「メディアのあり方」というテーマだった。

名著というものは恐ろしい。読んでいくと、外側のことだけではなく、自分自身の足元すら照らし出してしまうのだから。この章では、「メディアの足元を見つめ直す」と題して、名著から見えてきた「メディア本来のあり方」について考えてみたい。

「華氏４５１度」を再読したのは２０１７年末から２０１８年初頭のことだった。当時、官庁による統計データ捏造《ねつぞう》、ＰＫＯ部隊の日報の隠蔽、果ては公文書の大幅な改竄等々、民主主義の根幹を揺るがす事件が相次いでいた。「記録」や「記憶」をないがしろにする社会、かつては想像すらしなかった恐ろしい出来事が日常茶飯事のように起こる世界。……そんな現実が、かつて読んだ「華氏４５１度」で描かれた世界と酷似していると思い当たったのがきっかけだった。

まず、どのようなことが書かれた作品なのか、ざっと振り返ってみよう。

主人公は、冒頭でも書いた、本を燃やす「ファイアマン」という仕事に従事するガイ・モンターグ。舞台の近未来では、本が有害な情報を市民にもたらすものとされ、所有が禁止。本が発見されると直ちにファイアマンが出動し全ての本を焼却、所有者も逮捕される。代わりに人々の思考を支配しているのは、参加型のテレビスクリーンとラジオ。彼の妻も中毒患者のようにその快楽に溺れている。

最初は模範的な隊員だったモンターグだが、自由な思考をもち続ける女性クラリスや、本への愛ゆえに本とともに焼死することを選ぶ老女らとの出会いによって少しずつ自らの仕事に疑問をもち始める。焼死した老女の姿に衝撃を受けたモンターグは、ショックで仕事を休んでしまうが「ファイアマン」隊長ベイティーは自宅を訪ねてきて「考えて苦しむくらいなら本など読まないほうがまし。私たちは幸福な生活を守っているのだ」とはっぱをかける。

その後、モンターグは、密かに本を愛し続けるフェイバー教授と会い「人々が自発的に本を読むことをやめ、権力がそこにつけこんだ」という信じられないような事実を知らされる。さまざまな出会いを経て、やがて密かに本を手に入れて読み始めるモンターグ。彼は最後に驚くべき行動を選択するのだった。

この作品は、当初私が見立てたごとく、本を焼却し去り、人間の思考力を奪う全体主義社会の恐怖が描かれているだけではなかった。効率化の果てに人々が自発的に本を読むことや思考能力を放棄してしまう皮肉が描かれている。また「記憶」や「記録」をないがしろにする社会がいかに貧しい社会なのかも、逆説的に教えてくれるのだ。登場する人々の姿は、ＧＡＦＡ

(Google・Apple・Facebook・Amazon)やSNSに踊らされ、思考し何かを問い続けることをないがしろにしがちな私たち現代人にも鋭い警告を発していると思えてならなかった。

読み進める中で肌が粟立《あわだ》ったのは、そこで描かれたディストピアが恐ろしかったからだけではない。我々はいつの間にか全てを忘れ去っているのではないか。豊かな消費生活、メディアから絶え間なく流れてくる圧倒的な娯楽、あらゆる場面で効率的に、かつスピーディーに進められる物事……その大波の中で、私たちは自ら大切な記憶を手放してしまっているのではないかと感じたからだ。たとえば、ベイティー隊長はこんな風に語る。

> 古典は十五分のラジオプロに縮められ、つぎにはカットされて二分間の紹介コラムにおさまり、最後は十行かそこらの梗概となって辞書にのる。(中略)『ハムレット』について世間で知られていることといえば、《古典を完全読破して時代に追いつこう》と謳った本にある1ページのダイジェストがせいぜいだ。(中略)フィルムもスピードアップだ。モンタージュ、速く。カチリ、映像、見ろ、目、いまだ、ひょい、ここだ、あそこだ、急げ、ゆっくり、上、下、中、外、なぜ、どうして、だれ、なに、どこ、ん？　ああ！　ズドン！　ピシャ！　ドサッ！　ビン、ボン、バーン！　要約、概要、短縮、抄録、省略だ。
>
> (「華氏451度〔新訳版〕」レイ・ブラッドベリ著、伊藤典夫訳、ハヤカワ文庫SF)

まるで私たちが制作している「100分de名著」という番組の内容を皮肉られているような内容ではないか。もちろん、そうならないよう細心の注意を払いながら制作をしているのではあるが……。ともあれ、こうした台詞の数々は、現代の活字メディア、音声メディア、映像メディアが陥っている問題に鋭く切り込んでいる。全てをわかりやすく加工することにのみ奔走し、最も大事な「政治や社会を批判的に検証しようとする姿勢」「物事に疑問をもち問いを発していく精神的な構え」といったものをスポイルしていく「メディアの堕落」を鋭く警告されているようで、戦慄が止まらなかった。

それだけではない。ファイアマンの隊長ベイティーやフェイバー教授が口をそろえて語る「人々が自発的に本を読むことをやめ、権力がそこにつけこんだ」という主旨の言葉たちが、鋭く自分自身の核の部分を刺し貫いた。

「ファイアマンは外にいるのではない。私たちの心の中にこそいるんだ！」

冒頭に書いたように、そんな言葉が頭の中で何度もこだましました。

本当に恐ろしいのは、外側で起こっている全体主義的な状況ではない。日々の暮らしの中で私たちが深刻な事態について考えるのをやめてしまうこと、面倒臭さにかまけて大切な記憶を自ら手放してしまうことなのだ。私たちの心の中にいる「ファイアマン」が、快楽や怠惰という炎で、己の思考力や記憶を焼き滅ぼしている。しかも、そのことに気づきさえしていない。「華氏４５１度」の再読は、そのことを痛烈に教えてくれたのだった。

はかない火を守り伝えるには

講師の戸田山和久さんとの出会いは、そのようなことを考えている最中だったので、まことに幸運な出会いだった。メモによれば、２０１８年5月11日、ある予備校が主催した講演会。非常にユニークな書籍の数々を編集している知人の誘いを受けてのことだった。戸田山さんが「１００分de名著」に対して提案してくれたアイデアは、ウェルズ「タイムマシン」、ザミャーチン「われら」、オーウェル「一九八四年」、ブラッドベリ「華氏４５１度」を四冊並べて解説するという斬新な案だった。どれも重量級の大著で「どれか一冊に絞れないか」と提案したことを今でもよく覚えている。最終的に戸田山さんが「華氏４５１度」を選んでくださったのは、私としても「願ったりかなったり」だった。

戸田山さんの解説の中で最も印象的だったのは、作品ラストの読み解きだった。退廃した社会を戦争によって一瞬で焼き滅ぼすという顛末（しかも、たった一行の描写で！）を「気に入らない」という戸田山さん。悪を絶滅して、残されたエリートだけで社会を再建するというビジョンは、ある意味で、火炎放射器で本を焼き払うファイアマンたちの所業と全く同じではないかと、このラストの展開を批判的に解説してくれた。想像すらしなかった見事な読み解きだった。

その上で、焼き滅ぼすのではなく、退廃してしまった都市にとどまりつつ、いかにして啓蒙していくかを我々は考えるべきではないかと語ってくれた。田舎と都市、大衆とエリートという二項対立ではなく、それらが入り混じる現実の中で、私たちが何をなすべきかを戸田山さんは鋭く問うてくれたのだった。ブラッドベリから「問い」を受け継ぐこと。これこそが名著を読む大切な姿勢だと思い知った。

私自身は、「わずか一行で描かれた戦争」には、ブラッドベリのあるたくらみが込められているのではないかと感じられた。私たち人類が連綿と紡いできた長い歴史、そしてそれを記録してきた口承や書物。その「長大な歴史」と「一瞬の戦争」は鋭いコントラストをなしている。

ブラッドベリは、作品の随所でロウソクの火を印象的な形で登場させるのだが、すぐに吹き消されてしまうはかなさをもちながらも、ロウソクからロウソクへと火が受け継がれていくイメージが、読みながら頭の中に広がっていく。

私たちの記憶や歴史は、そのリレーにほかならない。あるときはシュレッダーにかけられ、あるときは「そんなものは存在しない」と権力によって隠蔽される……大切な記録と記憶たち。そんなはかない火をどう守り育てていくのか。

一瞬で全てをなぎはらう戦争ではなく、はかない火を人から人へと守り伝えていくこと。その地道な作業の大切さをこそ、ブラッドベリは私たちに伝えようとしているのではないか。これが私自身がブラッドベリから受け取った「問い」だ。そんなささやかな火を見逃さずに、きちんと伝えていくことこそ、私たちが携わるメディアの大切な仕事ではないかとも思った。

物語のラストには、焼き払われ数少なくなった本一冊一冊を保存するために、一人が一冊の本をまるごと暗記し、後世に伝えていくことを選んだ生き残りの人々、ブックピープルが登場する。人間一人ひとりが「メディア」になるというわけだ。

映画監督フランソワ・トリュフォーは、この作品を映画化する中で、原作とは全く異なるラストシーンを用意した。彼らブックピープルたちが森の中を行き交いながら、それぞれが記憶した名著の言葉を朗読し、それがポリフォニーを奏でるように世界を覆っていく……映画史上に残る美しいシーンだと思う。私たちの未来を変えていくのは、こうしたささやかな共同作業なのかもしれない。

メディアは「主語」をもて！

ル・ボン「群衆心理」

2021年9月放送

忘れ去られていた「群衆心理」

「紋切型社会」著者の武田砂鉄さんとフランス文学者の鹿島茂さんが対談する！「オール・レビューズ」という鹿島さんが主宰する書評サイトの企画でのオンライン対談イベントが開催されたのが２０２０年８月31日のこと。当時新刊だった武田さん著「わかりやすさの罪」を巡っての対談だった。私自身、手にしたばかりでまだ完読していなかったのだが、これは面白いに違いないと思って、わくわくしながら拝聴した。

　わかりやすさが席捲する社会……その気持ち悪さと脅威を巡って語られた内容に、心を揺さぶられた。話を聴きながら、「この現実に鋭く切り込むような名著があれば、砂鉄さんに解説してもらうのもありなのでは？」という妄想が膨らんだ。だが、そんな名著が果たしてあるのか？

　終了後に、イベント運営者の由《ゆ》井《い》緑郎《ろくろう》さん（鹿島茂さんの息子）にお願いして、砂鉄さんとつないでいただいた。最初のメールで、ぶしつけながら「もし名著を番組で解説するとしたらどの本を選びますか」という質問をぶつけてしまった。ほどなく返ってきたメールの中で、候補に挙がっていた数冊……その中にあったのが「群衆心理」だったのだ。

本書をここまで読んでくださっている皆さんはおわかりかもしれないが、「１００分de名著」の企画の発端は、こんな風に「期せずして」というのが本当に多い。もちろん、いろんな方面にアンテナを張り続けているからこそ、幸運な偶然が網にひっかかってくるのだが、その偶然が企画につながりうるかどうかという直観は日頃から磨いておかないと……とつくづく思う。もしかしたら、かなりの確率で幸運な偶然を取り逃しているかもしれない。そして今回の偶然はかなりの大穴だった。こういう出会い方をしていなかったら気づかなかったかもしれない。この「群衆心理」は、私たちメディア人が陥りがちな落とし穴を見事に照らし出してくれる名著だったのである。

網にひっかかってきたのには訳がある。実は一年くらい前に、完読ではないが、「群衆心理」の面白そうなところを拾い読みしたことがあったのだ。保守思想家の西部邁さんが「思想の英雄たち――保守の源流をたずねて」という著作で、卓越したル・ボン論を展開されていて興味を惹かれていた。西部さんがご存命であれば、彼に講師をお願いしたいところだった。だが、西部さんはお亡くなりになった後。しかも、ル・ボンはアカデミズムでは、ほぼ忘れ去られた存在で、著作等で言及する例がそれ以外に皆無。解説する講師がいなければ番組は成立しない。

そんなこんなで、「群衆心理」はほとんど放置状態にあった。ところが、全く予期もしないところから「群衆心理」の名前が現れて驚いた。まさか、今、旬のライター武田砂鉄さんの口から飛び出してくるとは！　しかも、読み直すにつけ「群衆心理」で書かれていることと砂鉄さんの著書「わかりやすさの罪」で書かれていることがシンクロしてくる。一週間後くらいには、ぜひ砂鉄さんに「群衆心理」を解説してもらいたいという気持ちが盛り上がっていた。

問題は放送の時期だった。当時は新型コロナ禍の第二波真っ只中。東京オリンピックが開催されるかどうかも全く定かではない状況。おそらくオリンピック・パラリンピックを巡っては国民を分けての大議論になるだろう。ネット上でも、常軌を逸した炎上や論戦が繰り広げられるに違いない。新型コロナ禍の状況についても「陰謀論」めいた言説が少しずつ湧き上がっていた。一年後くらいには、コロナを巡る言説もヒートアップしているだろう……そんな予測をもとに、オリンピック・パラリンピック終了直後と目される9月に放送時期を設定しようと最終的に結論づけた。

すでに他の節でも少し触れたが、この番組は、テキストを講師が執筆する時間が必要な関係で、毎度一年くらい前に企画の仕込みをやらないといけないという、かなり厳しい条件での名著選びになる。だから、このように、その時点での状況の中で、限界まで考えぬいて予測をたて、企画を考えるのだ。もちろんはずれることもあるが、ぎりぎりまでやり通したときには、不思議にタイミングが合っていくということも実感している。

群衆は「イメージ」で物事をとらえる

「群衆心理」は、一般的には知名度の低い本なので、要点を少し振り返っておこう。

ル・ボンは、群衆が歴史の表舞台に躍り出てきた原因が、西欧を支えていた伝統的な価値観が崩壊したことにあるという。自分たちを縛る箍《たが》がはずれたとき、群衆はその無軌道な力を発動させた。人は、群衆の中にいるとき「暗示を受けやすく物事を軽々しく信じる性質」を与えられる。論理ではなく「イメージ」によってのみ物事を考える群衆は、「イメージ」を喚起する力強い「標語」や「スローガン」によって「暗示」を受け、その「暗示」が群衆の中で「感染」し、その結果、群衆は「衝動」の奴隷になっていく。これが「群衆心理のメカニズム」だ。

群衆は、この「群衆心理のメカニズム」に基づいて、たとえ誤謬《ごびゅう》であっても、それが鮮やかで魅力的なら信じるようになる。その魅力的な誤謬をル・ボンは「幻想」と呼ぶ。いわく「幻想は、民衆にとって必要欠くべからざるものであるために、民衆は、灯火に向う昆虫のように、幻想を提供する修辞家のほうへ本能的に向うのである」「群衆は、自分らの気にいらぬ明白な事実の前では、身をかわして、むしろ誤謬でも魅力があるならば、それを神のように崇めようとする。群衆に幻想を与える術を心得ている者は、容易に群衆の支配者となり、群衆の幻想を打破しようと試みる者は、常に群衆のいけにえとなる」等々。

ル・ボンがその具体的事例として分析したのは、フランス革命期の恐怖政治下に行われたロベスピエールによる施策だ。人類の迷妄を開き、理性の力によって社会に自由と平等を実現しようとする深遠な「啓蒙思想」は、群衆に受け入れさせるために、原型をとどめないほど単純化される。咀嚼《そしゃく》しなくても吸収できる「王政打倒」というスローガンへと換骨奪胎されるのだ。また、ロベスピエールは、当面の政敵を打倒した後も、外国からのスパイや工作員が同胞の中に紛れ込んでいるとして、「人民の敵」を常に作り上げては粛清し、自らへの求心力を強化し続けた。更にフランス革命の偉業を実際以上に誇大化し、大きな神話に仕立て上げていった。人々は、酒場でその物語を語り合い、ロベスピエールが創り上げたイメージや幻想はまたたく間に社会全体に感染していく。

極度に単純化されたイメージや幻想に暗示を受けた群衆は、あるいは暴徒と化して街を破壊し、あるいは無実の民を断頭台へと送り込むところまで暴走を始める。フランス革命の背後で行われた蛮行だ。こうなると、もはや事実の検証や論理では止めることができなくなると、ル・ボンは慨嘆する。

社会全体が「単純化」「わかりやすさ」のみに覆われ、またたく間に一色に染め上げられていくことの恐怖。だが、これは全く他人事ではない。砂鉄さんは、テレビ番組が日常的に行っている手法は、ル・ボンが分析した「単純化の論理」と酷似しているという。

さまざまな社会問題について、専門家と称する人物が登場し、大切なポイントを、ごく短い言葉で箇条書きにしてボードで示す。このポイントは議論の入り口であるべきで、本来ならここから議論を始めていく出発点のはずだ。ところが、多くのケースで、「なるほど！」「わかりやすい！」という雛壇芸人たちのリアクションを拾って番組は終了していく。この箇条書きがゴール地点になってしまっているわけだ。砂鉄さんは、今、自分たちの目の前にある「わかりやすさ」というのは、議論を閉じる方向の「わかりやすさ」になってしまっているのではないかと指摘していた。まさに、私たちの番組制作のあり方を鋭く問われるものだった。

わからなさを引き受けることの重要性

更に、ル・ボンは、群衆心理が為政者や新聞・雑誌等のメディアによってたやすく扇動されてしまうことにも警告を発する（このあたりが「メディア論」としてこの本が読めるところだ）。政治家やメディアは、しばしば、精緻な論理などを打ち捨て、「断言」「反復」「感染」という手法を使って、群衆に「紋切り型のイメージ」のみを流布していくという。

最もわかりやすい例はナチスドイツを率いた独裁者アドルフ・ヒトラーだろう。彼はドイツ語に翻訳された「群衆心理」を研究しぬき、自らの演説や党勢拡大に活かしたという。ユダヤ人という敵を作り出し徹底的に悪玉に仕立て上げる。何ら明確な根拠を示すわけではない。粗雑な論理を断言し続けるだけだ。また、自分こそがドイツ民族の威厳を復活させるリーダーだと断言、反復し続けて人々を高揚させる。ナチスの広報戦略を担ったヨーゼフ・ゲッベルスはいみじくもこう語る。「嘘も百回いえば真実になる」と。

更に映画や音楽といったメディアを駆使して自らの演説を荘厳なものに仕立て上げ、民衆に強烈なイメージを感染させていく。ヒトラーは、「群衆心理」から「断言」「反復」「感染」という手法を徹底して学び取り、「偉大なるドイツという紋切り型のイメージ」「ユダヤ人がドイツを蝕《むしば》んでいるという粗雑な陰謀論」「敵‐味方の単純図式」を群衆に流布させることで、自らの支配体制を確立していった。

ヒトラーのような独裁者がいないだけで、現代も同じことが行われているのではないか。新型コロナ禍にあって、政府広報やメディアによって「安心安全」という言葉が繰り返し断言、反復された。感染状況にそれほど劇的な変化はない時期だったが、「安心安全」についての根拠はあまり示されなかった。ＳＮＳでは、鮮烈でインパクトのある挿話が添えられ「ワクチン陰謀論」や「Ｑアノンによる陰謀論」が盛んに語られ拡大していく。これらにも「断言」「反復」が多い。そして、「いいね」「シェア」という機能は「感染」を拡大させるのに圧倒的な力を発揮している。

　また、インターネットをはじめとしたメディア全般にいえることだが、少しでも異なる意見を語ると「敵対勢力」として罵倒され排除されるという風潮が蔓延している。断言と反復による「敵－味方の単純図式」の感染だ。こうした現代の状況が「群衆心理」によって分析された事例とほとんど重なりあう。「群衆心理」は、私の中で、メディアのあり方の根幹を問う秀逸な「メディア論」として染みわたっていった。

　砂鉄さんの解説は、更に鋭い「メディア批判」も含んでいた。「メディアは主語を取り戻すべきだ」という言葉は、我が身を撃ち抜かれるような思いで受け止めた。最近の情報番組では、何か事件が起こったり、重大な政治判断が下されたりすると、すぐに「街の声」を拾い集めるケースが多い。だが、その声を選んでいるのは、テレビ側のインタビュアーであり、賛成意見、反対意見をどれだけの分量で配分し、どういう順番で並べるかは、番組制作者であるディレクターやプロデューサーが決めているのである。こうした判断を、それぞれのテレビ局ごとに作為的に行っているのに、あたかもそれが世の中のスタンダードのように見せてくるのはいかがなものか……という懸念を示していた。砂鉄さんはこういっていた。

「『ＮＨＫがこう思う』というのと、『ＮＨＫが選んだ街の声』というのは、比べてみれば、『ＮＨＫが選んだ街の声』のほうがなんとなく民主的には見えるけれど、ＮＨＫが選んでいるんですよね。であるならば、ぼくはＮＨＫが意見をいってほしいなと思うんです。報道機関としての『主語』を取り戻して、『私たちはこう思っています』といってほしい。『街の声』を結論に使ってほしくない。放り投げることだけはやめてほしい」

　では、どうすればよいのかと問われると、現時点ではまだ答えは見出せていない。だが、この指摘は真摯に受け止め、これからも考え続けたいと思っている。私たちは、ル・ボンのいう「断言」「反復」はそれほど多用していないかもしれない（多用するメディアも見かけるが）が、私たちメディア人は、客観性を装いながら無意識に世論を誘導するように仕向けていないか、国民にとって重要な情報を時に隠蔽することに加担していないかということについて、もっと徹底的に考えなければならないのではないかと痛感させられる収録だった。

　また、最終回のラストで、「わからなさを引き受けることの重要性」「思考し問い続けることの大切さ」を言葉を尽くして語ってくれた砂鉄さんのメッセージが深い印象を残した。私たちメディアは、群衆心理の暴走を食い止められるような役割を果たして担えているのだろうか。本来であれば、権力を鋭くチェックし検証していくことがメディアの使命と位置づけられているが、その役割を果たせているのか。発表された情報を鵜呑《うの》みにしてそのまま流すだけの存在になっていないか、世論を一方向に向かわせるようなことに加担していないか。私たちは常に襟を正していかなければならないとあらためて感じている。

メディアは本来、多様な意見が行き交い、共存し、自由に論議し合う空間であったはずだ。対立意見ですら尊重される空間であるべきだ。価値観を一色に染め上げ、常に敵を作り出し、意見を一方向だけに推し進めるようなあり方であってはならない。自らが「暴走する群衆」にならないようブレーキをかけ続けること、政治家やメディアが扇動しようとしてきたとき、そのからくりを鋭く暴き出すこと。それこそが「群衆心理」という名著を、私たちメディア人が仕事に活かす一番の方法だと思えてならない。

メディアは「戦争」とどう向き合うべきか？

アレクシエーヴィチ「戦争は女の顔をしていない」

２０２１年８月放送

五百人を超える「人々の声」が鳴り響く

「戦争とメディア」というテーマについてはずっと考えてきた。詳細は次節で特番「１００分deメディア論」について振り返る際に書きたいと思うのだが、私たちメディア人にとって「戦争とメディアとの関係性」を問うことは、メディア自身の罪を問い詰めていくことだと思う。戦前、多くのメディアが国民の戦意や愛国心を煽っていた。そのことが国民を戦争へと駆り立てる原動力になったことは疑いえない。戦後のメディアはその反省に立って、報道や番組制作を行っていかなければならないはずだ。だが、自戒を込めて思うのだが、十分な反省をなしえているかといえば、全くそうとはいえないだろう。発表原稿を鵜呑みにして報道する、政府へのチェック機能を果たしていない、本来メディアがもつべき批判的視座は全くない……等々の厳しい意見は、私の周囲からも数多く聞かれる。謙虚に受け止めなければならないと日々思う。

先の戦争が終結した節目を刻む8月という月は、毎年、そうした「メディアの責任」を噛みしめながら企画を考えてきた。カント「永遠平和のために」、大岡昇平「野火」、カイヨワ「戦争論」といった、戦争の本質を考える名著を取り上げた企画は、そうした思索の中から生まれたものだ。私自身の勉強不足から、毎年というわけにはなかなかいかないのだが、こうしたシリーズは今後も放送していきたい。

そんな私の頭の中を、「アレクシエーヴィチ」という名前がよぎったのは、長期化し膠着《こうちゃく》状態に陥っていた「シリア内戦」について学ぼうとノンフィクションを集中的に読んでいた２０２０年の初夏頃のことだった。戦争で最も悲惨な状況に置かれるのは、女性や子どもたち等、最も弱い立場の人々だ。「戦争の本質」を考察する名著もいいのだが、今はむしろそうした「弱き人々」の声に耳を傾けるべきときではないか。そうだ、アレクシエーヴィチの「戦争は女の顔をしていない」には、そのヒントが数多くあったのではないか。そう思い立ち再読を始めたのである。

アレクシエーヴィチの名前を知ったのは、恥ずかしながら２０１５年に彼女がノーベル賞を受賞したことがきっかけだった。当時群像社という出版社から出ていた「戦争は女の顔をしていない」をすぐに手にとった。旧ソ連軍の女性兵たちのポートレイトが折り重なるように並んだ印象的な装丁だった。

序章を読んでいる段階で、戦慄と、胸を抉られるような悲しみと、人間の内なる闇の恐ろしさと……さまざまな感情がうねるように襲ってきて打ちのめされた。これまで感じたことがないような読書体験。それはここ十年の中で最も心揺さぶられた読書体験だった。少し長くなるが、一節を引用させてほしい。

> 赤ちゃんはおなかを空かせていて、おっぱいをほしがった。でも母親も腹を空かせているし、乳がでない、赤ちゃんは泣いていた。敵はすぐそばにいる。何匹も犬を連れている。赤ちゃんの声が聞こえれば全員が死ぬことになる。三十人全員が。おわかりでしょう？
> 決断が下された。
> 指揮官の命令を誰も伝えることができない、しかし、母親は自分で思い当たった。布きれに包んだ赤ちゃんを水の中に沈めて、長いこと押さえていた。赤ちゃんはもう泣かない。静まりかえっている。わたしたちは誰も眼をあげることができない。母親を見ることも、お互いの顔を見合わすことも。
>
> （「戦争は女の顔をしていない」スヴェトラーナ・アレクシエーヴィチ著、三浦みどり訳、岩波現代文庫）

沼の中で何週間も、のど元まで水につかりながら隠れていたパルチザン一行の一人の証言である。想像を絶するような極限状況の中で行われた、いのちの選択。どんな言葉をもってしても、この悲劇をいい表すことはできない。この作品には、こうした出来事がひしめいているのだ。

読了後も心はカオス状態で、全くもって頭の中が整理できない……当時「１００分de名著」のプロデューサーに就任して二年目だったので、「これは番組でぜひ紹介すべき名著だ」とは直観したのだが、いったいどう紹介したらよいのか途方に暮れてしまった。

その後、少しずつ読み直しを続けた。２０２０年の再読は確か四回目。初読時のあの圧倒的な読書体験は何だったのだろう。その問いを抱えながら、噛みしめるように読み続けた。

この本の中では数少ないアレクシエーヴィチ自身の声に耳を傾けていくと、少しずつその意味がほどけてきた。「私は大きな物語を一人の人間の大きさで考えようとしている」と語る彼女は一人ひとりの苦悩に徹底して寄り添う。沈黙、いいよどみ、証言の忌避、男性たちの介入や政府による検閲……記録を妨げるものは、たくさんあった。だが、彼女は、困難をそのまま受け止め、そのプロセスをありのままに記録していく。結果、五百人を超えるその記録は、やがて稀にみる「多声性」を獲得していった。

「声だけが私の頭の中で響いている。頭の中で合唱している。巨大な合唱、そのなかでは時として言葉が聞き取れず、嗚咽《おえつ》しかない」……そう、アレクシエーヴィチは記しているが、図らずも、私の頭の中にもこの合唱が鳴り響いていた。

ただただ圧倒され、理解を拒み、その一方で、魂の奥底から照らし出されるような体験。小さな一人の人間の中で繰り広げられるかけがえのない物語、憎悪と慈愛の共存、平時では考えられないような感情のうねり……戦争の原因や意味といった大仰なものではなく、人が何をどう感じたかを掬《すく》い上げた証言の数々。そこには哲学的な分析も歴史学的な考察もない。ところが、闇深く恐ろしく、にもかかわらず、抱きしめたくなるように愛おしく優しい、人間の本質そのものを、私の胸に届けてくれる。この作品は、アレクシエーヴィチという稀有な人間にしかできない、多声性の結晶だと思う。それが再読時に痛切に感じたことだった。

メディアが取りこぼしてきた小さな声

私たちメディアに携わっている人間には、アレクシエーヴィチがなしえたことが全くできていない。時間的にも、物理的な条件においても、制限が課せられる会社組織のメディアでは、自戒を込めて書くのだが、大所高所から戦争の大枠を図式的に示すことで満足してしまう番組が多い（もちろん一部良質なドキュメンタリーなどの例外はあるが）。日々のニュース報道ではなおさらである。「戦争は女の顔をしていない」を取り上げることで、私たちメディアが決定的に見落としていることを意識化し、大きな声にかき消されてしまう「小さな声」たちを掬い上げるためには何が必要なのかを照らし出すことはできないか。そんな思いが企画の発端になった。

「メディアが取りこぼしてきた小さな声のかけがえのなさ」という補助線を引くことで、この名著を深く読み解こうという軸は決まった。しかし、これ以外に、この本を多くの視聴者の方に手にとってもらえるようなきっかけをどう作っていけばよいのか悩んでいた。そんなさなかに出会ったのが、ロシア文学研究者の沼野恭子《きょうこ》さんだった。東京外国語大学で毎年行われていた翻訳文学について考察するシンポジウムで、あるときは司会を見事にこなし、発表者としても胸のすくような小気味のよい分析で聴衆を魅了していた沼野さん。実は、ノーベル賞受賞直後に、アレクシエーヴィチを東京外国語大学に招聘するのに一役買った一人だと、ある研究者からお聞きした。調べてみると、直接アレクシエーヴィチにインタビューしたこともあるという。新型コロナ禍のさなかではあったのだが、矢も楯もたまらず取材を申し込んだ。まずは解説をしていただける可能性はあるかをお訊きしようと思ったのだ。

　大森の喫茶店で、最初にお会いしたのが２０２０年９月中旬。驚いたのは、すでに詳細な資料も作ってくださっていたことだった。番組で紹介した「母なる祖国が呼んでいる！」という有名なプロパガンダのポスター図版もすでに資料に掲載されていた。たくさん出してくださった論点を少しでも多く盛り込みたいと私のほうで整理させていただいたのが当時放送した四回分のテーマである。

期せずしてだが、企画書作りの中、「プロパガンダ」の問題と「差別」の問題という二つの論点を組み合わせたことで、まさに戦争前と戦争後という一連の時代の変化の中で翻弄された人々の姿が浮き彫りになった。あらゆる領域で男女同権の理念を高らかに謳い上げた旧ソ連では「兄弟姉妹よ！」「少年少女よ！」との掛け声のもと、さまざまなプロパガンダの手法で、男性だけでなく女性たちの愛国心も激しく鼓舞された。だが戦場で必死に戦った彼女たちを待っていたのは戦後の厳しい差別だった。男と同じく銃を持って戦ったのに英雄視されたのは男だけ。そればかりか帰還した女性兵士は「戦地のあばずれ、戦争の雌犬め」と同性たちから罵《ば》詈《り》雑言《ぞうごん》を浴びせられ蔑視される。一度捕虜になってしまった人たちは、西欧の豊かな暮らしを目撃した者として危険視され強制収容所へと送り込まれる。沼野さんが準備してくださった、時代背景の詳細な分析もあって、こうした悲劇が立体的に浮かび上がっていった。

全てのシーンが胸に刻まれていて、語りたいことは数多くあるが、一つだけ深く印象に残ったことを紹介したい。沼野さんは、第四回のラストで、この作品から一番学ぶべきことは、「他者の声に耳を傾けること」「それを我が事として引き受けること」の二つであり、今の日本社会で少し軽んじられつつあることだという主旨のことを語ってくださった。

沼野さんのこれらの言葉を聞いて、「戦争は女の顔をしていない」の中で語られる多くのエピソードも、「戦争は残酷だな」と他人事のように感じるだけでは全く足りないと痛切に思った。たとえば、戦車大隊・衛生指導員のニーナ・ヤーコヴレヴナ・ヴィシネフスカヤのエピソード。戦場で袋をほどいてスカートにしたことや大尉をおじさんと呼んでしまったこと、恋の話等々……お茶を飲みながら、時に笑い、時に泣きながら語ってくれたかけがえのない証言を記録したアレクシエーヴィチ。出来上がった原稿を彼女に送った後に送り返されたのは、「愛国的な仕事」についての公式報告書と、アレクシエーヴィチの文章がほとんど残っていない、ずたずたに削られた原稿だった。

「一人の人間の中にある二つの真実」と語るアレクシエーヴィチは更にこう続ける。

「心の奥底に追いやられているそのひとの真実と、現代の時代の精神の染みついた、新聞の匂いのする他人の真実が。第一の真実は二つ目の圧力に耐えきれない」と。

ニーナさんの姿は、私たち自身の姿だ。誰が彼女のことを責められるだろうか？　上司や周囲の同調圧力に屈して、自分が心の奥底で信じていることを捻じ曲げた経験は誰にでもあるはずだ。若き日の私自身にもある。権力への忖度や世間への迎合によって、心ならずも自らの信条を覆い隠し、「新聞の匂いのする他人の真実」に生きざるを得ず、苦しんでいる人たちも多いかもしれない。

戦争という過酷な状況にいる人々の体験と私たちの体験とでは、比べるべくもないが、私は、

「戦争は女の顔をしていない」で書かれていることを、他人事ではなく「我が事」として引き受けたいと思う。そのことをみんながやめてしまったとき、再び戦争は近づいてくる。そう思わずにはいられない。

実は、番組では望外の出来事が起こった。ベラルーシで民主化運動のために闘い続け、弾圧を避けるために一時ドイツに身を寄せているアレクシエーヴィチが、沼野恭子さんのご尽力で、番組向けにメッセージを寄せてくれた。そのアレクシエーヴィチの言葉をひいて、この節を締めくくらせていただく。新型コロナ禍にある私たちの現実にも深く突き刺さる言葉だ。

「血の時代、武器の時代、暴力の時代は去ったのです。いのちというもののとらえ方を、今までとは違うものに切り替えるべきなのです。人のいのちは物事を測るものさしであってはならないのです」

人のいのちを物事を測るものさしには決してしない、小さないのち一つひとつのかけがえのなさを大切に掬い上げるような番組作りや報道……アレクシエーヴィチの言葉を胸に刻みながら、今後も仕事を続けていきたいと深く決意している。

メディアは「原点」を取り戻せ！

「１００分deメディア論」

２０１８年３月放送

誰もが「バイアス」から逃れられない

２０１８年３月に放送され、第五十五回ギャラクシー賞優秀賞、第三十四回ＡＴＰ賞奨励賞を受賞するなど、社会的にも大きな反響を巻き起こした特集番組「１００分deメディア論」。２０１６年の初頭から考え始めたので、二年越しで温めてきた企画だ。立案の動機は、自らが属するメディア業界の信頼が足元から揺らいでいると感じられたことだった。そして、今こそ自分たちの仕事自体を謙虚に問わなければならないと思いいたったのだ。この章で挙げてきた「メディアの足元を見つめ直す」名著を取り上げる原点ともなった。

発端は、２０１５年末、飲み屋での何気ない会話に遡る。私の友人には、右派から左派までさまざまな政治的信条をもっている人たちがいる。「最近のＮＨＫの報道、ちょっとおかしいんじゃない？」という意見が、奇しくも左右正反対の信条をもつ二人の友人たちから寄せられた。「報道が政権寄りじゃないか」「いやいや政権批判に偏っているんじゃないか」。意見は正反対。二人に共通しているのは「大手のメディアはみんな偏向している。だから最近自分たちはそうしたメディアは信じない。ネットの情報のほうがはるかに信じられる」といった意見だった。

その後、調べていくと、こういう「空気」は、単にこの友人たちだけではなく、社会全体に蔓延しつつあることに気づいた。「いったい何が起こっているのだろう？」「どうしてここまで既存メディアへの信頼が揺らいでいるのだろう？」。そういった疑問を突き詰めていくうちに、今回の企画の原型が生まれてきたのである。

私たち大手メディアに所属する人間は、番組を作っていく上で、あるたった一つの事実を伝える際にも、当事者のもとへ出向いて現場の声を聞き、丹念な情報の裏とりを重ねていく。もうこれ以上ないというくらいに。だから、皮膚感覚的に印象や意見を述べることの多いＳＮＳのようなメディアとは基本的な部分で異なっているという意識をもっていた。しかし、もしかしたらそこに「驕り」があったのではないか。「１００分deメディア論」という企画を練るための名著を読んでいく作業の中で、私たちは、誰もが決して逃れることができない「視点」「バイアス」というものに対して無自覚だったのではないかということに気づかされた。

ネット情報よりも、テレビや新聞などの情報が優れているといいたいわけでは決してない。ネットの中の情報や論評にも優れたものは多いし、目を覚まされることも多々ある。問題は、大手メディアの情報もネット情報も玉石混交ということだ。私たちはそれらを見抜く眼をもたなければならない。そのためには、人が何かを伝えようとするときに、必ずある特定の「視点」「バイアス」をもつことを避けては通れないという事実に向き合うことだ。それに対しては、私たち番組の作り手は、なおさら自覚的でなくてはならないとも自戒する。……そんなことを数々の名著が教えてくれた。

だから、企画の発端から、今回は謙虚に自分たちの足元を見つめたいという思いがあった。編集プロセスでも、論者の皆さんの厳しい批判も含めてきちんと受け止めたいと考え、自己批判、自己点検にあたる部分も大切に残していこうという思いで制作した。

取り上げたリップマン「世論」、サイード「イスラム報道」、山本七平「『空気』の研究」、オーウェル「一九八四年」といった名著は、そうした「視点」「バイアス」の仕組みを徹底的に暴き出してくれる。またこれらは近づきがたい難解な部分をもっている本でもあるが、ジャーナリスト・堤未果さん、政治学者・中島岳志さん、社会学者・大澤真《ま》幸《さち》さん、作家・高橋源一郎さんといった気鋭の論者たちに、その分析が具体的にどう有効か、現実を読む際にどう役立てられるのか、といった視点も踏まえて縦横に論じていただいたおかげで、私たちの暮らしそのものにぐっと近づけてもらうことができた。

リップマン「世論」の恐ろしさ

一例を挙げよう。「イスラム報道」「『空気』の研究」「一九八四年」は、学生時代に愛読した本だった。だから取り上げる候補としてあらかじめ想定していた本であり、それなりにテーマの角度も頭の中にあった。だが、堤未果さんが挙げてくれたウォルター・リップマン著「世論」は、全く射程外だった。そして、堤さんと打ち合わせする中で、「こんなにも恐ろしい本があったのか」と戦慄が走ったのをよく覚えている。

著者のリップマンによれば、私たち人間は外界の情報をそのまま受け入れていないという。あまりにも情報量が多く複雑な世界を、自分たちがもっている既存の枠組みを使って整序し、単純化してとらえているというのだ。リップマンはアメリカの田舎町に住む女性教師の例を挙げ、このことをわかりやすく説明する。

三百万人もの兵員を巻き込んでフランスとドイツが戦争をしている。そのことを知って、女性教師が思い浮かべたのは、フランスの将軍とドイツの皇帝が一騎打ちをしている情景だったという。極端な例かもしれないが、私たちは、自分がよく知らない情報を思い浮かべるとき、自分が体験したことや出来合いの情報を駆使して、自分が理解可能な範囲のイメージを創り上げていく。私たちと現実に起こっている出来事との間にフィルターのように挟まっている、こうしたイメージの複合体をリップマンは「疑似環境」と呼び、これが「世論」のベースになっていると指摘する。

「疑似環境」や「世論」は、通常は実体のないふわふわしたものであり、寄せては返す波のように移ろいやすく不安定なものだ。しかし、これを一定の形に固定化するものがあるという。それが「ステレオタイプ」だ。

「ステレオタイプ」は、もともと溶かした鉛を型に流し込んで作った版を指す印刷用語。版で印刷したように類型化されたものの見方や表現を意味する言葉だ。「偏見」「固定観念」とも訳されることがある。たとえば、あるアメリカ人がずるがしこい日本人に続けざまに三人出会ったとする。すると、そのアメリカ人の中には、「日本人というものはおおむねずるがしこい民族だ」という偏見が固定する。たとえ、その後、真摯な日本人に出会ったとしても、「この人は巧妙に嘘をついているはずだ」とか、「希少な例外に違いない」と断じて、こうした事例を受け入れない。私たちは、多かれ少なかれ、こうしたステレオタイプを通して、世界を見ているのだ。都合の悪い事例を捨象して。あまりにも複雑な世界を細部まで見る労力を節約し、居心地のよい世界観に安住したいという本能的な欲求がそうさせるのである。

このステレオタイプを強化していくのがメディアだというのがリップマンの分析だ。当時の主要なメディアであった新聞は、事実をありのまま伝えているわけではないと彼はいう。取材における時間的制約、記事に割くことができる紙面の空間的制約、読者を惹きつけて部数を伸ばし経営を安定させなければならないという経済的要請、取材を担当する記者や編集者がもともっている偏見や固定観念等々が、記事内容を特定のベクトルへと整序、単純化していくというのだ。読者のステレオタイプにある程度応えるような記事でなければ新聞は売れないし、時間的・空間的な制約の中では、記事内容をある程度図式化（それも記者たちがもつステレオタイプに応じて）しなければ、新聞経営は回っていかない、というわけだ。これは、テレビにおける視聴率獲得競争にも全く同じことがいえるわけで、リップマンの先見の明には脱帽する。

恐ろしいのは、ステレオタイプの強化が、こうしたメディア企業の経済的な要請だけから発するものではないということだ。メディアによるステレオタイプ強化が政治の力で意図的に行われるということがかつてあった。これは「世論」という著作をリップマンが書くことになる背景に関係する。彼は、痛切な反省からこの本を書いたのだ。

第一次世界大戦当時、リップマンは、時の大統領ウッドロー・ウィルソンのアドバイザーだった。ウィルソンは平和主義を標榜し、戦争には参戦しないという路線が評価され再選された。ところが、権益を巡る財界の要求や軍事大国ドイツへの危機感などから、参戦の必要性が高まっていった。そこで、リップマンは、平和路線から参戦ムードへともっていくための青写真を描いて大統領に提出するのである。

それは徹底したプロパガンダ作戦だった。学者をはじめとする知識人や当時人気だったダグラス・フェアバンクスをはじめとするエンターテインメント界の有名人たちを総動員して戦意高揚を図った。そしてこの目的に沿うよう、政府の広報機関ＣＰＩ（コミティ・オン・パブリック・インフォメーション）を創設。新聞をはじめ、雑誌、映画館、学校、街頭のポスターなどを通して、徹底的に戦意を煽っていく。参戦に反対する人間は非国民といわんばかりに。更には、捏造されたドイツ兵の残虐行為が新聞を通して拡散され、そのイメージで数多くのポスターを彩り、アメリカの参戦がいかに正義にかなったものかという宣伝を繰り返した。まさに「ステレオタイプ」の強化である。

　こうしてＣＰＩはわずか六か月という短期間で、「厭戦《えんせん》ムード」から「正義のための戦争へ邁進」という流れに、世論を誘導していったのである。ところが、この世論操作の作戦は、絶大な効果を上げすぎた。国全体が戦争への熱に浮かされ、ヒステリー状態に陥った。後にリップマンは、「ステレオタイプ」はたやすく「情緒」と結びつくと分析する。特に憎悪や恐怖心といった負の感情を増幅し続けるのだ。こうした作用は劇的な副作用を生んだ。

　政府は国中に監視網を敷いて反対派摘発に血眼《ちまなこ》になっていく。少しでも反対意見を述べると犯罪とみなされ、その逮捕自体を裁判所が合憲にしてしまう。雑誌発行の差し止めが起こり、編集者が逮捕される。新聞にも権力の手が忍び寄る。……自由の国アメリカが、恐るべき言論弾圧、思想統制のディストピアと化してしまったのだ。

リップマンは、自分が設計したモデルがあまりにも功を奏したことに衝撃を受ける。国益のためによかれと思ってなしたことが、成功どころか、言論弾圧、思想統制といった、民主主義と正反対の事態を生んでしまった。きちんとした反省に立った、徹底的な検証を行わなければならない。その思いが「世論」という著作をリップマンに書かせたのである。

こうしたメディアのあり方は、まるで戦前の日本を見るようではないか。あるいは、今まさにメディア業界で起こっていることも、こうした事態に近づいている表れではないかという戦慄が背筋を這いあがってくる。私たちは今、リップマン的な反省に立って、メディアのあり方を総点検しなければならない時期にきていると痛切に思う。

放送直前に現実化した「一九八四年」の世界

他の講師の皆さんが解説してくれた名著も「世論」に劣らず刺激的なものばかりだった。異文化や異民族との関係を二項対立的に分断し敵対的な他者としてしまうメディアの陥穽《かんせい》を突いた「イスラム報道」、メディアと国民との忖度のし合いの中で醸成される「空気」が世論を支配していくメカニズムを解き明かした「『空気』の研究」は、メディアが偏見にまみれたステレオタイプや世論の分断構造をいかにして作り出していくかを徹底的に解明してくれた。出演者の一人は、ＮＨＫ自体のあり方についても、厳しく批判してくださった。このシーンだけは何があっても残そうと、その場で深く決意したのを鮮明に覚えている。

驚くべきは「一九八四年」だった。公文書や歴史を改竄し続け、実際にあったことがなかったことにされてしまうという究極のディストピアを描いたこの作品は、放送直前に現実化してしまった。財務省による公文書改竄だ。ディレクターのアイデアと奮闘で、この事件の映像を急遽ラスト近くのシーンに差し込むことができた。まさに現実とリンクするような番組の制作となった。

四つの名著が有機的に結びつき、私たちメディアに携わる人間、そして、メディアを視聴する人たちの足元を、隅々まで照らし出してくれた稀有な討論であり、番組制作であった。一生涯記憶に残る番組……プロデューサー冥利につきる体験だった。

このように思い入れの深い番組だからこそ、「１００分deメディア論」は、依って立つ政治信条が右であろうが、左であろうが、どんな人にも観てもらいたいと、放送当時、切に願った。立場の違いで、罵倒し合うのでもなく、重箱の隅をつつくのでもなく、自らがどんな「視点」「バイアス」をもっているのか、またそこから逃れられないまでも、どのような努力をすればそういった「視点」や「バイアス」から少しでも自由になることができるのか？　この番組が、そういったことを一緒に議論し考える場所になれたらと思ったのである。

マスメディアが設立されていく経緯の中で、大きな理念の一つとなったのが、人々の「知る権利」を守っていくということ。その理念からいえば、もし仮に一〇〇パーセント理想的な政治体制が成立したとしても、それに対して厳しくチェックして、批判していくのがマスメディアの使命である。どんな理想的な政治体制であっても、大きな力、権力をもってしまう以上、チェックするものがいなければ、都合の悪い情報は隠すことができてしまうからだ。「知る権利」を守り、政府や権力のあり方を厳しくチェックする……これこそが「メディアの原点」なのだ。

ただし、具体的な誰かが憎いといった低いレベルで批判するのであってはならず、あくまで、人々の「知る権利」を守るための批判であり、チェックでなければならない。そのことについて、メディアの発信者も受け手も自覚的でなければならない。だが、自戒も込めて思うのだが、そうした志や姿勢が昨今のメディア業界では薄れてきているのではないかと深く危惧する。

私は今も、ことあるごとに、「100分deメディア論」で議論された言葉や理念を引き合いに出して、制作プロセスを見直したり、文言をチェックしたりしている。だから、番組をご覧いただいた方にも、ぜひこの「100分deメディア論」を、一つの「道具箱」として使ってもらえたらと願っている。そうしたことを積み重ねていくことで「メディアという存在」を互いに厳しく鍛え上げていくことができれば、これ以上に有益な武器はないと、あらためて強く思う。

終章 名著の未来

戦争への最大の抑止力は「教養」

最近「『１００分de名著』という番組のミッションの一つは、戦争をなくすことである」とツイッターの公式アカウントでつぶやいた。よい評価、悪い評価も含めて、少なからずの反響をいただいた。公にするのはこれが初めてかもしれないが、「戦争をなくすことである」というのは本気の言葉だし、プロデューサーに就任して以来、ずっと考え続けてきたことだ。笑われるかもしれないし、「何を青臭いことを……」という人も多いかもしれない。

だが、この九年間ほど、名著といわれる本を真剣に読み続けてきて、その確信は深まっている。戦争への最大の抑止力はある種の「教養」であるはずだ。これは「絵空事」でも「お花畑的理想論」でもない。

２０２２年5月に翻訳出版された「集団浅慮」という書籍がある。社会心理学者のアーヴィング・ジャニスの手になる重厚な研究書だ。世界で最も頭脳明晰とされるエリート集団が下した意思決定がなぜか大きな失敗をもたらしてしまう……そんな事例群を社会心理学的な視点から徹底的に分析している。ピッグス湾侵攻、朝鮮戦争、ベトナム戦争、ウォーターゲート事件等々、目次を見るだけでも興味深い。一読すると、これらの事件、戦争に対する超エリートたちの判断や事後処理がなぜ間違っていくのかが克明にわかっていく。

一番印象的なのは「キューバ危機」の事例だ。核戦争勃発一歩手前まで危機が迫った状況がいかに回避されたのか。この本の中では数少ない成功事例だが、この事例分析を紹介すると、この本の骨子がわかるとともに、なぜ私が「戦争への最大の抑止力はある種の『教養』である」と書いたのかを理解していただけると思う。その事例をここで振り返ってみようと思うが、限られた紙幅のため、取捨選択しながら幹の部分だけを紹介することをお許しいただきたい（実際には、もっと複雑なプロセスを経る事例なのである）。

ケネディ大統領のもとに「キューバに、ソ連から供与される核ミサイルを配備する基地が建設中だ」というＣＩＡからの報告がもたらされたのが１９６２年10月16日の朝９時頃。同日11時46分には、政府高官たちが緊急に招集される。この時点では、核ミサイル基地を先制攻撃（空爆）して破壊するという意見が、ほぼ一〇〇パーセントを占めていた。

ケネディの指示で、エクスコム（国家安全保障会議執行委員会）という会議体が即座に結成される。ここには、主要メンバーではないが、ポーカーで相手の心理を読む名手、長年キューバに駐在し当地の事情を知悉している商社マンなど、さまざまな分野からの人材が助言者の役割を担うべく招集された。

ケネディが優れた判断力を発揮するのはここからだ。まず、大統領である自分は会議に極力参加しないと宣言する。どんな人間であっても、大統領が参加してしまうと、忖度してしまい、耳触りのいい意見を述べるようになってしまうからだ。更に、参加者は、いかなる省益もしがらみも組織間の序列も一切忘れて「アメリカの国益のみを最優先する」という意識で会議に参加せよと指示される。

まだまだある。エクスコムには、「悪魔の代弁者」と呼ばれる人物が二名参加するのだ。「悪魔の代弁者」とは、どんなに優れた正論に見える意見でも、細かい弱点、誰もが見逃している盲点などを徹底的に洗い出し、ダメ出しする役割を担う人材だ。こうした布陣で徹底討論させるのである。

驚くべきことに、エクスコムで議論が始まったその日の夕方に、ソ連から核を輸送する船団に対して、海上封鎖を行うというアイデアが浮上する。その上で、「先制攻撃派」と「海上封鎖派」という二つの派が拮抗する状況になるのだ。

その後、十二日間、危機が回避されるまで夜を徹しての議論がなされるが、事前にケネディは、「意見を一本化しなくてもよい」と指示。「先制攻撃派」「海上封鎖派」それぞれに、詳細なプラン、それを大統領が国民に説明する際のスピーチ原稿案、起こりうる事態への対応策までをまとめさせ、更には、各プランを交換して相互に批判し合うセッションまで開催された。

こうしてブラッシュアップされた二つの案が出そろったところで、最終決断としてケネディは「海上封鎖案」を選択する。最終的な意思決定の責任を自分がとるというわけだ。いわく

「米国が攻撃の火ぶたを切れば、相手側はミサイルの一斉射撃で反撃することが予想され、そうなると何百万人というアメリカ人が殺されることになる。これは非常に大きな賭けであり、自分としては、他のすべての可能性を徹底的に検証し尽くさないうちに、この賭けに乗り出すつもりはない」（「世界で最もイノベーティブな組織の作り方」山口周著、光文社新書）と……。

その後、海上封鎖に踏み切った中でも、何度となく緊迫した状況を迎えるのだが、ケネディの姿勢はぶれなかった。最終的には、ソ連側の譲歩を引き出し、かくして核戦争は回避されたのである。

エリートだけに任せると失敗する

ここまでお読みになって読者の皆さんはどう思われるだろう。今、世界や日本で、今後の歴史を変えてしまうであろう数々の選択、判断が、政府や官僚、企業などによってなされていると思うが、ここまで綿密かつ真摯に議論を尽くして出された結論がどれだけあることだろう。指折りの高学歴をもつエリート集団が下した判断かもしれないが、利権やしがらみに縛られ、自分たちより更に上位の人たちに過剰な忖度をし、全体の利益や公益を損なうような結論を出してはいないだろうか。

ジャニスはこの本の中で、ケネディやエクスコムが優れた判断を下すことができた要因として次の点を挙げている。私なりに少しわかりやすくパラフレーズするが、その要因とは「意思決定集団が同質性に偏るのを回避する」「意思決定集団が外部から孤立するのを防ぐ」「忖度を生むようなリーダーシップをふりかざさない」「最終決断するストレスから、意思決定集団を解放する」という四つだ（ジャニスは九つのポイントを挙げているが、最重要と思われる要因を四つにまとめてみた）。「悪魔の代弁者」を入れることで仲良しクラブ的な集団の同一性を回避し、政権に属さないポーカーの達人や商社マンなどを入れることで外側の社会とのつながりを担保し、大統領が会議に参加しないことで忖度が起こらないようにし、意見を一本化しないでよいと指示することで、最終決断するストレスから集団を解放し、短兵急で貧弱な結論にまとめさせないように配慮する。こんな風に丁寧にプロセスを見てみると、エクスコムには実に巧みなメカニズムが働いているということがわかる。

ジャニスの分析には、「教養」や「名著」といった言葉は、ほとんど出てこない。だが、たとえば「悪魔の代弁者」という言葉はカトリック教会が列聖審査の際に使ってきた言葉だし、J・S・ミルが「自由論」という著書で理論的に展開した概念だと独立研究者の山口周氏は指摘している。エクスコムで適用された数々の手法は、実はこうした豊かな教養によって支えられているといってよい。

キューバ危機回避のシナリオを子細にたどることで、戦争を避けうるか否かを決める判断軸は、かなりの割合で「教養」というものが重要な基盤になっているということをわかっていただけるのではないか。そして、その「教養」を育てるための最も豊かな培地こそが「名著」なのだと、私は深く確信している。

「１００分de名著」をプラットホームとして育てる

本書を締めくくるにあたり、名著の未来、そして「１００分de名著」という番組の未来についても記しておきたい。名著は歴史の風雪に耐えて読み継がれてきたからこそ、今に残っている存在だ……ということをいろいろな機会を通して私は語ってきた。そうだとするならば、現在、こうした名著を読み継ぐという営為が人々によってなされなければ、名著は途絶えてしまうことになる。この事実を、ディストピア小説として見事に表現したのが、この本でも取り上げた「華氏４５１度」である。私たちは、「華氏４５１度」に出てきたブックピープルのように、ささやかであるかもしれないが、ロウソクからロウソクへと火を受け渡すかのごとく、次の世代へと「名著」を手渡していかなければならない。

「１００分de名著」という番組は、そうしたリレーを継続していくための絶好のツールである。番組を視聴したことをきっかけに原典を手にとってみる。番組テキストを読むことがきっかけでもよい。原典がわからなかったら、もう一度番組やテキストに戻ってみる。更に原典に戻って思索してみる。そして原典から学んだことを誰かに話してみる。そうやって輪が広がっていく。……そんな形で、今後も名著を読む人たちを支えられたらと願っている。

私は「100分de名著」をある種の「プラットホーム」として育てていきたいと思っている。「プラットホーム」という言葉の辞書的な意味としてイメージされるのは「電車・列車への乗客の乗り降り、貨物の積み下ろしのために築かれた駅の施設」。人やモノが行き交いするイメージがとても好きなのだが、最近はIT用語として、「サービスやシステム、ソフトウェアを提供・カスタマイズ・運営するために必要な『共通の土台（基盤）となる標準環境』（WEBサイト「キーエンスIoT用語辞典」）といった意味で使われることが多いかもしれない。どちらの意味も含んだような豊かなイメージでとらえてもらってよいと思う。具体例で考えてみたい。

番組がきっかけでいろんな現場を踏ませていただいた。とりわけ興味深かったのは、番組テキストを使った読書会だ。内緒で参加して参加者の皆さんを驚かせてしまったこともある。あくまでも個人の立場で参加費を払っての参加だったので、個人的な意見をたくさん述べさせていただいたが、本当に熱気があふれていて最高の学びの場だった。印象的だったのは、日常では出会わないようなさまざまな職業の人たちが、名著の言葉を通して、真剣に議論をしている姿だった。「番組テキスト」というプラットホーム上で、多様な人々が行き交い、生きるヒントを与えたり受け取ったりする「異種混交の空間」。こんな空間が、社会のさまざまな場所で、増殖しゆく泡のようにどんどん広がっていったらいい。

所属組織に申請し許可をもらい、数多くの番組関連イベントも企画・主催させてもらった。時には登壇者として登場することも。こうしたケースでは聴衆たちの顔が会場の隅々まではっきり見える。どれだけ真剣に聴いてくれているかが伝わってくるのだ。質問も一つひとつが凄い。ここまで番組の意図を読み取ってくださっているのかと感嘆することもしばしばだ。通常番組制作者が視聴者と触れ合う機会は稀なので、ダイレクトに意見や感想を聞くことができるのは、番組制作へフィードバックするアイデアを得るという意味でも、とても貴重である。普段出会うことのない、番組制作者と視聴者が直接出会って触発し合い、番組に新しい要素を付け加えていく。そんな意味で、「番組関連イベント」もプラットホームだ。

こうした積み重ねの中で、面白い化学反応も起こった。新型コロナ禍の中で、数多くの優秀な研究者の「最終講義」（退職前、研究者としての活動を締めくくる最後の講義）が中止を余儀なくされた。私が一番楽しみにしていたのが、ＳＦ小説「ソラリス」を番組で解説していただいたロシア・東欧文学研究者の沼野充義さんの最終講義だったが、この講義も残念ながら中止（沼野さんご自身は、これで研究をやめるつもりは毛頭なく、「最終講義」ではなく研究者としての「最新講義」だと銘打たれていたが）。

なんとかならないものかと思案していたときに思い出したのが、いち早くオンライン・トークイベントを手掛けていた書評サイト「オール・レビューズ」主宰の鹿島茂さんだった。鹿島さんにもパスカル「パンセ」などの講師をつとめていただいたので、いわば「１００分de名著」ファミリーのお一人だ。沼野さんの最終講義を「オール・レビューズ」のオンラインイベントとして実現できないかとご相談したのだった。

鹿島茂さんとも何度もトークイベントをご一緒していたし、「オール・レビューズ」発オンラインイベントの直接の運営をしていた鹿島さんの息子・由井緑郎さんとも、そのご縁で面識があったため、すぐにご快諾いただいた。それを受けて、沼野さんの深い理解者であるチェコ文学者・阿部賢一さん（ハヴェル「力なき者たちの力」の解説者）のアポを取り、司会進行に抜擢した。

２０２０年3月28日、最終講義はオンラインで無事開催された。私は現場でアクセス状況などを見守っていたが、なんと世界中からのアクセスが！　ロシアや東欧諸国からもチャット欄への書き込みがあった。ライブ配信の視聴者数は二千五百人以上。配信後に残されたアーカイブ動画は4月末までに三万回近く再生された。東京大学の一番大きい教室でも数百人くらいのキャパしかないので、大学で行う通常の最終講義よりもはるかに多くの人々に沼野さんの講義が届くことになった。まだ現在のようにオンライン講義が普及していない頃のことである。

もちろんこのオンライン最終講義イベントは、番組とは何ら関係ないものであり、私自身も完全ボランティアの裏方としての協力だったのだが、「100分de名著」という番組でできたご縁が結んでくれた力の結集だったと深く感謝している。

「100分de名著」を「プラットホーム」として育てていくというのは、こんな風なイメージだ。さまざまなご縁で多様な人たちがつながり、行き交い、交流する……まさに字義通りの「プラットホーム」。いろんな人たちがそれぞれの場で自由に番組を活用して「学びの場」としてもらえたらと願う（もちろん公共放送の番組なので営利目的で勝手に番組名や映像などを使うことはできない。あくまで私的な場や趣味的なサークル、非営利の活動の中で……ということだ。念のため）。

数字では測れないこと

名著への入り口を更に広げるべく、挑戦も続けている。「100分de手塚治虫」を手始めに、石ノ森章太郎、萩尾望都、水木しげるといった漫画家の作品を名著として読み解くスペシャル版をさまざまな方の力を借りながら企画し、番組の新たな可能性を探っている。漫画を名著といってよいのかという議論はあるが、私自身の経験としては、彼ら彼女らの作品は、私の人生に多大な影響を与えているので、当然のように「名著」ととらえている。番組テキストの漫画化という企画も、さまざまな出版社とのコラボで進めている。すでにアドラー「人生の意味の心理学」、マルクス「資本論」の漫画化は実現した。こうした試みを行っているのは、できるだけ名著のハードルを低くして、若い世代にも輪の中に入ってきてほしいという思いからだ。作家としても活躍しているタレントの加藤シゲアキさんを司会に招き、「100分de名著for ティーンズ」という十代向けのシリーズも開拓した。これまで番組を観ていなかった世代に少しずつだが、認知され始めている。こうした努力は今後も続けていきたい。

「そんなささやかなことでよいのか」という人もいるかもしれない。トークイベントを開いたところで、リアルに集まるのは多くて百人程度。社会全体としては微々たる数字だ。「はじめに」でも書いたが、番組の視聴率にしたって吹けば飛ぶような数字。こんなささやかな番組が、名著の未来に対して、どれだけの影響を与えられるというのか。

ただ「100分de名著」関連のイベントを開催する中で、大きな発見もあった。ある老婦人がこんなことを語ってくれたのである。

「毎週番組を心待ちにして、放送が始まったら正座して観ているんです。孫にたのんで録画をしてもらって何度も何度も観ています。番組のおかげで、この歳になって初めて本を読む楽しみを教えてもらいました」

その感想が呼び水になって、次々に手があがり、同様の感想が相次ぐ。

「職場での上司との向き合い方のヒントをいただきました。おかげで風通しのよい明るい職場になりました」

「発達障害で悩んでいたけど、番組を通して名著の言葉に触れて、心が自由になりました」

「仲たがいしていた家族と、もう一度絆を結ぶきっかけになりました」

胸が熱くなった。そして、視聴率という数字に翻弄され、忘れてしまっていた大切なことを思い起こさせてくれた。数字や計算では、決して測れないものがあるということを。それは、番組が視聴者の人生と深く交わるときに起こる、かけがえのない出来事だ。

番組を観てくださる視聴者の数は、視聴率を稼ぎまくる大番組には到底かなわないかもしれない。だが、炎上目当てのあざとい一言や、衝撃映像の乱発で、瞬間視聴率を稼ぎまくったところで何になるのか。理念をもたない番組は、数日後には、記憶から消えてなくなるだろう。

人生を懸けて、番組の中から生きる力を支える言葉をつかもうと、毎週目をこらしてくれている視聴者こそ大切にしなければならない。大事なのは、一人ひとりの心にどれだけのものを残すことができるかではないか。

本当に面白い番組は深夜番組の中にあると誰かがいっていた。その番組に人気が出て、ゴールデンタイムに昇格した瞬間つまらなくなるとも。最大公約数の人たちに観てもらうという「スケール」を目指すことで、切り立つようなエッジがそがれていき、誰にでもわかるような凡庸なセンスが番組全体を覆い始める。安定して視聴率を稼げる番組は、判で押したように型にはまってしまうという。

私が若い頃、人生で最も影響を受けた番組は、低視聴率で打ち切りになった番組だった。１９７９年に放送されたアニメ「機動戦士ガンダム」である。

当時中学生だった私にはよくわからないようなセリフや世界観が展開されていて、毎回息を呑んだ。全く理解できなかったが面白い。初めての体験だった。大人の世界が確かにここにある、そう思った。いつかこの内容が理解できるような人間になりたいと思った。

回を追うごとに興奮は高まっていく。どっちが正しいのかわからない悪と善の相対性。善の中にも悪があるし、悪の中にも善がある。主人公側が正義とは限らない。敵側にだって戦う理由がちゃんとあるのだ。

大人の怖さ、ズルさ、汚さ……全てを学んだ。富野《とみの》由悠季《よしゆき》という監督の名前も初めて覚えた。

彼は、人間が変わりうるということを信じていて「ニュータイプ」という新しい人類像を提示する。凄い可能性を見せてくれるが、それを戦争の中で全部潰していく。結局「ニュータイプ」は戦争の武器にしかならないんだ、といわんばかりに。いったい監督は何をいおうとしているんだ……毎回疑問が駆け巡った。十代の私は、世界を複眼的に見る視点、正解ではなく「問い」を見つけていくことの大切さを富野監督に教えてもらったのだ。

だが、後半にいくにつれて、「ガンダム」の視聴率は下がっていく一方。描かれるはずだったエピソードは大幅にカットされ、急激な形でラストを迎えた。だが、この作品は、一人の少年の心に巨大なインパクトを残していった。

今、振り返ってみると、どうだろう。四十年以上という時を超えて、「ガンダム」は未だに新しいシリーズが作り続けられている。数世代を超えて愛される映像コンテンツとして揺るがない地位を築いているのだ。人気は更に国境を越えて広がっている。

それだけではない。「ファーストガンダム」（初代のシリーズのことだ）を観て育った人々が、今、宇宙開発の最前線で働き、あるいは、作家として活躍している。誰もが口をそろえていう。「『ガンダム』を観たからこそ、私はこの夢を見つけ、その実現に向けて走り続けることができた」と。

私もその一人だ。「ガンダム」を観ていなければ、おそらくこの業界で働いていなかっただろう。そう、視聴率が世界を変えるのではない。番組と視聴者の濃密な関係こそが、人間を動かし、社会を動かし、世界を変えていくのだ。

だから、私は、この仕事を「種を植えていく仕事」だと思っている。今は、ささやかな種でしかないかもしれない。だが、それはやがて振り仰ぐような大樹になるかもしれないのだ。そのために水をやり、光を当て、肥料を与え続ける。

番組プロデューサーになって九年、ようやく植えた種が芽吹きを迎えていると感じる体験が増えてきた。その一つが全国大学生活協同組合連合会が出しているフリーマガジン「読書のいずみ」の取材を受けたときのことだ。このフリーマガジンでは、現役の大学生が記者として活躍している。

「星の王子さま」の読み方について、四人の学生記者の皆さんと語り合った。終了近くの学生たちの言葉に胸を突かれた。

一人は、「100分de名著」を観たことで、社会のため、公のために尽くせるような仕事がしたいと考えるようになり公務員を目指しているという。番組についての熱い感想を語ってくれた。もう一人も熱烈な「100分de名著」ファンで、国語教師になる夢をもち採用試験合格のために猛勉強中だ。そんな彼の質問。

「私の周りには、同じく教師になりたいという人たちがいるのですが、本を全く読まない人が多い。どうやったら、本を読む人を増やしていけるでしょうか」

彼の質問は、もはや自分に関することではなかった。周りにどうやったら読書の魅力を広げていくことができるのか……という一段階、次元の違うことを訊こうとしていたのだ。

植えた種は確かに芽吹いていた。この番組の制作を長らく続けて本当によかったと、こんなにも深く思った瞬間はない。低視聴率番組と笑わば笑え。私が育てたいのはこんな人たちなのだ。

勢い込んで小難しい理屈を並べたててしまった。まとめの言葉は、あえて凡庸な言葉で終わりたい。

読書の輪は楽しく、そして生き生きと広がっていけばいい。そんなところにこそ「名著の未来」はある。その手助けをこれからも番組を通してしていきたい。これを読んでいるあなたにも、そんな輪に入ってきていただけたら、プロデューサーとしてこれ以上の幸せはない。

おわりに

「敵とともに生きる！　反対者とともに統治する！」

本書でも取り上げた、スペインの哲学者オルテガ・イ・ガセットのこの言葉が、原稿の執筆中、何度も頭の中で鳴り響いていた。自分とは全く正反対の立場に立っている人、反対意見をもっている人にこそ読んでほしい……そんな祈りにも似た気持ちを抱きながら、本書を綴ってきたのである。果たして、私の言葉は「敵」や「反対者」に届いたかどうかは心許《こころもと》ないが、私は本書の試みを通じて、あるいは「１００分de名著」という番組を通じて、粘り強く意見の異なる人たちとの対話を続けていきたいと願っている。

もう一つ、執筆中に頭から離れないイメージがあった。あまりにも突拍子がないので、驚かれる読者も多いかもしれないが、太宰治「走れメロス」の登場人物、セリヌンティウスのイメージである。

私にとってセリヌンティウスとは、誰あろう、今回の担当編集者・竹村優子さんである。さしずめ私は原稿執筆に挫《くじ》け続けるメロスだ。執筆時間の大半は２０２２年だったが、奇しくも「１００分de水木しげる」「１００分deフェミニズム」という二つの特番、そして、もう一冊の書籍の執筆と、大きな仕事が何重にも重なり、身動きができなくなることが多々あった。そのため、一番初めにお声をかけてくれた竹村さんとの締め切りの約束を何度も反故《ほご》にしてしまった。

　そのたびに、「この番組があるから仕方がない」「もう一冊の書籍が仕上がるまではしょうがない」と、自分自身に言い訳をしてきた。だが、竹村さんは、そんな情けないメロスを、叱責するでもなく、プレッシャーをかけるでもなく、セリヌンティウスのごとく、静かに見守り待ち続けてくれたのである。彼女と直接会ったのは、期間中、数回程度だったが、いつもメールで温かい声をかけてくれた。私の原稿に足りないところを的確に指摘し、ぶれまくる方向性を適切な流れへと導いてくれた。

　何よりも力になったのは、その間に彼女が担当した非常にチャレンジングな書籍（とりわけ劇団ひとり「浅草ルンタッタ」、会田誠「性と芸術」は刺激的だった）が次々に手元に届けられることだった。彼女の良質な仕事の数々からの刺激が、メロスを挫けさせず走らせ続けたといってよい。

「走れメロス」の物語中、ほとんど黙して語らず、ただひたすらにメロスを信じて待ち続けるセリヌンティウスは、目立たぬ地味な存在と思われるかもしれないが、私は、彼こそが「走れメロス」の主人公だと思う。彼がいたからこそ、メロスはなすべき仕事をやり遂げることができた。メロスとセリヌンティウスが起こした、ひとつらなりの出来事が、かつて民に裏切られ憎悪の塊となり果てていた王の心を解かしていったのだ。

　ここで冒頭の話に戻るが、「王」とは、オルテガのいう「敵」であり「反対者」、つまり自分とは異なる意見や立場の人たち。「おわりに」ですら「名著」にかこつけてしまうのは「１００分de名著」プロデューサーの業《ごう》かもしれないが、竹村優子さんと私の仕事によって、「王の心」を解かしていくことができればと願ってやまない。

　お定まりだが、心の底からの本音なので、謝辞を述べさせていただく。

　まず何よりも、チームとして「１００分de名著」という番組やテキストを一緒に支えてくれている全ての番組関係者、テキスト関係者へ。全体の中でプロデューサーの果たす役割など一パーセントにも満たない。あなた方が一緒に心を合わせてくれているからこそ、番組もテキストも成り立っている。その陰の力が本書にも働いている。

　そして、番組の解説を担当してくださった全ての講師の皆さんへ。とりわけ本書で書くことができなかった講師の皆さんへ。本当は全員について書きたかったが、紙幅の関係で涙を呑んで絞り込んだ。いつか機会が与えられることがあったら、皆さんのことも書かせていただけたらと思っている。

最後に、一人間としての秋満吉彦という存在を根本のところで支えてくれている家族へ。愛猫の葉葉、ピノ、ギャビーの三匹、そして妻、治子へ。みんなとの日々の触れあい、語らいこそ、根のところで最も大事な養分を与えてくれている。とりわけ、執筆の渦中で、永眠した葉葉は、おそらくこの世の中で最も大切なことの一つ、死との向き合い方、悲しみという感情の慈しみ方を教えてくれた。

全ての人たちに心からの感謝を捧げたい。

最も個人的な話で本書を終えることをお許しいただきたい。こうした存在も私の一部だということを読者にも知っておいてほしかった。ここまで読んでくださって本当にありがとう。

秋満吉彦

著者略歴

秋満吉彦《あきみつよしひこ》

一九六五年生まれ。大分県中津市出身。熊本大学大学院文学研究科修了後、一九九〇年にＮＨＫ入局。ディレクター時代に「ＢＳマンガ夜話」「日曜美術館」等を制作。

その後、ドラマ「菜の花ラインに乗りかえて」、「１００分de平和論」（第42回放送文化基金賞優秀賞）、「１００分deパンデミック論」（第48回放送文化基金賞優秀賞）、「１００分deメディア論」（第55回ギャラクシー賞優秀賞）等をプロデュースした。現在、ＮＨＫエデュケーショナルで教養番組「１００分de名著」のプロデューサーを担当。

著書に『行く先はいつも名著が教えてくれる』（日本実業出版社）、『「名著」の読み方』（ディスカヴァー・トゥエンティワン）等がある。

幻冬舎新書 689

名著の予知能力

二〇二三年五月三十日 第一刷発行
二〇二三年六月十五日 第二刷発行

著者 秋満吉彦
発行人 見城徹
編集人 小木田順子
編集者 竹村優子
発行所 株式会社 幻冬舎
〒一五一-〇〇五一 東京都渋谷区千駄ヶ谷四-九-七
電話 〇三-五四一一-六二一一(編集)
〇三-五四一一-六二二二(営業)
公式HP https://www.gentosha.co.jp/
ブックデザイン 鈴木成一デザイン室
印刷・製本所 株式会社 光邦

Printed in Japan ISBN978-4-344-98691-6 C0295
あ-20-1

*この本に関するご意見・ご感想は、左記アンケートフォームからお寄せください。
https://www.gentosha.co.jp/e/

出口治明

人生を面白くする
本物の教養

教養とは人生を面白くするツールであり、ビジネス社会を生き抜くための最強の武器である。読書・人との出会い・旅・語学・情報収集・思考法等々、ビジネス界きっての教養人が明かす知的生産の全方法。

佐々木閑　大栗博司

真理の探究
仏教と宇宙物理学の対話

仏教と宇宙物理学。アプローチこそ違うが、真理を求めて両者が到達したのは、「人生に生きる意味はない」という結論だった！　当代一流の仏教学者と物理学者が縦横無尽に語り尽くす、この世界の真実。

丸山宗利

カラー版
昆虫学者、奇跡の図鑑を作る

「標本ではなく生きた虫を撮った学習図鑑を作ろう！」１年で７０００種撮影、史上最多２８００種を載せた奇跡の図鑑はいかにしてできたか？　どこまでも理想を追求した無謀な図鑑制作の全記録。

山下一仁

日本が飢える！
世界食料危機の真実

ロシアのウクライナ侵攻は、食料不安を一気に加速させた。減反政策で米の生産が減り続ける日本。有事においてこの国は武力攻撃ではなく食料不足で壊滅する——。元農林水産省官僚による緊急警告。

幻冬舎新書

倉垣弘志

薬物売人

田代まさし氏への覚醒剤譲渡で２０１０年に逮捕された著者は、あらゆる違法薬物を売り捌いていた。自らも依存症だった元売人が明かす、薬物売買の内幕。逮捕から更生までを赤裸々に描く。

森博嗣

勉強の価値

勉強は楽しくない(子供には特にそう)。だが、人は基本的に勉強すべきだ。何故か？　競争社会の成功者になるためではない。ただ一点「個人的な願望」からそう考える理由を、本書で開陳する。

手塚マキ

新宿・歌舞伎町
人はなぜ〈夜の街〉を求めるのか

アジア最大の歓楽街、歌舞伎町。コロナ禍で攻撃されたが、この街ほど懐の深い場所はない。カリスマホスト、経営者として23年間歌舞伎町で生きる著者が〈人間をすべて飲み込む街〉を描く。

齋藤孝

大人の読解力を鍛える

情報が複雑に飛び交う現代こそ、言葉を、言葉の集合体としての情報を、正確に読み解く力が不可欠だ。具体的なテキストを挙げながらコミュニケーションスキル向上を目指す、社会人必読の一冊。

幻冬舎新書

米澤泉

おしゃれ嫌い

私たちがユニクロを選ぶ本当の理由

ユニクロが〝見た目の競争〟を終わらせた。誰もが服に余計なお金も時間も使いたくない。誰も指摘してこなかったユニクロのメッセージと消費の変化を気鋭の社会学者が鮮やかに読み解く。

藤垣裕子　柳川範之

東大教授が考えるあたらしい教養

東大教授２人が提唱する教養とは「正解のない問いに対し、意見の異なる他者との議論を通して思考を柔軟にし、〈自分がよりよいと考える答え〉にたどり着くこと」。その意味するところを解説。

辻田真佐憲

天皇のお言葉

明治・大正・昭和・平成

天皇の発言は重い。明治以降、その影響力は特に激増した。普遍的な理想と時代の要請の狭間で発せられる言葉に忍び込む天皇の苦悩と葛藤。気鋭の研究者が抉り出す知られざる日本の百五十年。

辻田真佐憲

大本営発表

改竄・隠蔽・捏造の太平洋戦争

日本軍の最高司令部「大本営」。その公式発表は、戦果を5倍、10倍に水増しするのは当たり前。恐ろしいほどに現実離れした官僚の作文だった。今なお続く日本の病理。悲劇の歴史を繙く。